100 recettes de

Mini-cakes

cupcakes, madeleines, etc.

Ouvrage collectif créé par Losange
Avec la collaboration de Patrick André, Guillaume Mourton, Samuel Butler, Luc Verney-Carron, Philippe Chavanne, Séverine Gaonac'h

Toutes les photos sont de P. André/Nature.

Direction éditoriale : Hervé Chaumeton
Suivi éditorial : Sophie Jutier
PAO : Nathalie Lachaud, Francis Rossignol
Photogravure : Lionel Lisay

ISBN : 978-2-8160-0124-2
N° d'éditeur : 8160
Dépôt légal : juin 2011

Achevé d'imprimer : mai 2011
Imprimé en Chine par Toppan Leefung

100 recettes de

Mini-cakes

cupcakes, madeleines, etc.

ARTÉMIS
ÉDITIONS

Mini-cakes à la banane *rose et à la vanille*

Pour 4 personnes / Facile
Préparation : 10 min / Cuisson : 20 min

- 3 œufs
- 180 g de farine
- 1 sachet de levure chimique
- 1 sachet de sucre vanillé
- 3 gouttes d'extrait de vanille
- 10 cl de lait
- 100 g de beurre fondu
- 200 g de bananes roses
- 120 g de sucre semoule

1. Mélangez le lait et les œufs. Versez cette préparation dans un bol avec la farine, le beurre fondu, le sucre, la levure, la vanille et mélangez pour former une pâte homogène et lisse.

2. Recouvrez de film alimentaire et laissez reposer au frais 1 h.

3. Épluchez et coupez en morceaux les bananes. Incorporez-les dans la pâte et versez dans de petits moules à cake préalablement beurrés.

4. Enfournez à 180 °C (th. 6) pendant 20 min. Vérifiez la cuisson avec la pointe d'un couteau. Servez tiède.

Mini-cakes à la bière *et aux épices*

Pour 4 personnes / Facile
Préparation : 10 min / Cuisson : 20 min

- 3 œufs
- 180 g de farine
- 1 sachet de levure chimique
- 10 cl de bière brune
- 100 g de beurre fondu
- 1/2 c. à c. de quatre-épices
- 1/2 c. à c. de gingembre en poudre
- 1 grosse pincée de poivre noir en poudre
- 150 g de sucre semoule

1. Mélangez la bière et les œufs. Versez cette préparation dans un bol avec la farine, le beurre fondu, le sucre, la levure, les épices et mélangez pour former une pâte homogène et lisse.

2. Recouvrez de film alimentaire et laissez reposer au frais 1 h.

3. Versez la pâte dans de petits moules à cake préalablement beurrés et enfournez à 180 °C (th. 6) pendant 20 min. Vérifiez la cuisson avec la pointe d'un couteau. Servez tiède.

Mini-cakes à la mangue *et à la goyave*

Pour 4 personnes / Facile
Préparation : 15 min / Cuisson : 20 min

- 3 œufs
- 180 g de farine
- 1 sachet de levure chimique
- 10 cl de lait
- 100 g de beurre fondu
- 5 cl de Soho
- 100 g de chair de mangue
- 100 g de chair de goyave
- 120 g de sucre

1. Mélangez le lait et les œufs. Versez cette préparation dans un bol avec la farine, le beurre fondu, le sucre, la levure, le Soho et mélangez pour former une pâte homogène et lisse.

2. Recouvrez de film alimentaire et laissez reposer au frais 1 h.

3. Coupez en dés la chair de mangue et de goyave. Incorporez les fruits à la pâte et versez dans de petits moules à cake préalablement beurrés.

4. Enfournez à 180 °C (th. 6) pendant 20 min. Vérifiez la cuisson avec la pointe d'un couteau. Servez tiède.

Mini-cakes *à la praline*

Pour 4 personnes / Facile
Préparation : 10 min / Cuisson : 20 min

- 3 œufs
- 180 g de farine
- 1 sachet de levure chimique
- 10 cl de lait
- 100 g de beurre fondu
- 100 g de pralines roses concassées
- 80 g de sucre semoule

1. Mélangez le lait et les œufs. Versez cette préparation dans un bol avec la farine, le beurre fondu, le sucre, la levure et mélangez pour former une pâte homogène et lisse.

2. Recouvrez de film alimentaire et laissez reposer au frais 1 h.

3. Incorporez les pralines concassées dans la pâte et versez dans de petits moules à cake préalablement beurrés.

4. Enfournez à 180 °C (th. 6) pendant 20 min. Vérifiez la cuisson avec la pointe d'un couteau. Servez tiède.

Mini-cakes aux cerises *nappés aux coings*

Pour 4 personnes / Facile
Préparation : 30 min / Cuisson : 20 min

- 3 œufs
- 100 g de sucre
- 180 g de farine
- 1 sachet de levure chimique
- 10 cl de lait
- 10 cl d'huile
- 10 cerises
- 4 c. à s. de confiture de coing

1. Équeutez et dénoyautez les cerises. Coupez-les en morceaux.

2. Dans un saladier, mélangez la farine avec la levure. À part, battez les œufs avec le sucre et ajoutez-les à la farine. Mélangez bien, puis incorporez le lait et l'huile.

3. Ajoutez les cerises, mélangez bien et versez-le tout dans des petits moules beurrés. Laissez reposer 1 h au réfrigérateur.

4. Enfournez à 180 °C (th. 6) pendant 20 min environ, puis laissez-les refroidir.

5. Dans une casserole, faites chauffer la confiture avec un fond d'eau, puis nappez-en les mini-cakes.

Mini-cakes à la vanille
et aux amarenas

Pour 4 personnes / Facile
Préparation : 15 min / Cuisson : 20 min

- 2 c. à s. d'extrait de vanille
- Une vingtaine de cerises amarenas confites
- 2 c. à s. de jus d'amarenas
- 70 g de sucre
- 3 œufs
- 180 g de farine
- 1 sachet de levure chimique
- 10 cl de lait
- 10 cl d'huile

1. Dans un saladier, mélangez la farine avec la levure.

2. À part, battez les œufs avec le sucre et ajoutez-les à la farine. Mélangez bien puis incorporez le lait et l'huile.

3. Ajoutez les cerises, leur jus et la vanille, mélangez bien et versez dans de petits moules à cake préalablement beurrés. Laissez reposer 1 h au réfrigérateur.

4. Enfournez à 180 °C (th. 6) pendant 20 min environ. Vérifiez la cuisson avec la pointe d'un couteau.

Mini-cakes aux bananes *et crème fouettée aux noisettes*

Pour 4 personnes / Facile
Préparation : 30 min / Cuisson : 20 min

- 3 œufs
- 100 g de sucre
- 180 g de farine
- 1 sachet de levure chimique
- 10 cl de lait
- 10 cl d'huile
- 1 banane
- 1 noix de beurre
- 10 cl de crème liquide
- 1 c. à s. de poudre de noisettes

1. Épluchez et coupez la banane en petits morceaux. Faites fondre le beurre dans une poêle et faites colorer les morceaux de bananes. Écrasez-les à la fourchette et réservez.

2. Dans un saladier, mélangez la farine avec la levure. À part, battez les œufs avec le sucre et ajoutez-les à la farine. Mélangez bien, puis incorporez le lait et l'huile.

3. Ajoutez la banane écrasée, mélangez bien et versez-le tout dans des petits moules beurrés. Laissez reposer 1 h au réfrigérateur.

4. Enfournez à 180 °C (th. 6) pendant 20 min environ, puis laissez-les refroidir.

5. Montez la crème en chantilly et ajoutez la poudre de noisettes, puis décorez-en les mini-cakes.

Mini-cakes *aux Bounty*

Pour 4 personnes / Facile
Préparation : 15 min / Cuisson : 20 min

- 5 barres de Bounty
- 100 g de sucre
- 3 œufs
- 180 g de farine
- 1 sachet de levure chimique
- 10 cl de lait
- 10 cl d'huile

1. Coupez les Bounty en petits morceaux.

2. Dans un saladier, mélangez la farine avec la levure.

3. À part, battez les œufs avec le sucre et ajoutez-les à la farine. Mélangez bien puis incorporez le lait et l'huile.

4. Ajoutez les morceaux de Bounty, mélangez bien et versez dans de petits moules à cake préalablement beurrés. Laissez reposer 1 h au réfrigérateur.

5. Enfournez à 180 °C (th. 6) pendant 20 min environ. Vérifiez la cuisson avec la pointe d'un couteau. Servez tiède.

Mini-cakes *aux Carambars*

Pour 4 personnes / Facile
Préparation : 10 min / Cuisson : 20 min

- 3 œufs
- 180 g de farine
- 1 sachet de levure chimique
- 10 cl de lait
- 100 g de beurre fondu
- 100 g de Carambars
- 80 g de sucre semoule

1. Mélangez le lait et les œufs. Versez cette préparation dans un bol avec la farine, le beurre fondu, le sucre, la levure et mélangez pour former une pâte homogène et lisse.

2. Recouvrez de film alimentaire et laissez reposer au frais 1 h.

3. Coupez les Carambars en morceaux. Incorporez-les à la pâte et versez dans de petits moules à cake préalablement beurrés.

4. Enfournez à 180 °C (th. 6) pendant 20 min. Vérifiez la cuisson avec la pointe d'un couteau. Servez tiède.

Mini-cakes au Cruesli *et au whisky*

Pour 4 personnes / Facile
Préparation : 10 min / Cuisson : 20 min

- 3 œufs
- 180 g de farine
- 1 sachet de levure chimique
- 10 cl de lait
- 100 g de beurre fondu
- 200 g de Cruesli
- 5 cl de whisky irlandais
- 80 g de sucre semoule

1. Mélangez le lait et les œufs. Versez cette préparation dans un bol avec la farine, le beurre fondu, le sucre, la levure, le whisky et mélangez pour former une pâte homogène et lisse.

2. Recouvrez de film alimentaire et laissez reposer au frais 1 h.

3. Incorporez le Cruesli à la pâte et versez dans de petits moules à cake préalablement beurrés.

4. Enfournez à 180 °C (th. 6) pendant 20 min. Vérifiez la cuisson avec la pointe d'un couteau. Servez tiède.

◁ Mini-cake au miel et aux amandes grillées

Mini-cakes au miel *et aux amandes grillées*

Pour 4 personnes / Facile
Préparation : 20 min / Cuisson : 20 min

- 50 g d'amandes effilées
- 3 c. à s. de miel
- 3 œufs
- 180 g de farine
- 1 sachet de levure chimique
- 10 cl de lait
- 10 cl d'huile

1. Faites chauffer une poêle et faites-y griller les amandes à sec pendant 1 min.

2. Dans un saladier, mélangez la farine avec la levure.

3. À part, battez les œufs avec le sucre et ajoutez-les à la farine. Mélangez bien, puis incorporez le lait et l'huile. Ajoutez le miel (faites-le tiédir s'il n'est pas très liquide).

4. Ajoutez les amandes, mélangez bien et versez dans de petits moules à cake préalablement beurrés. Laissez reposer 1 h au réfrigérateur.

5. Enfournez à 180 °C (th. 6) pendant 20 min environ. Vérifiez la cuisson avec la pointe d'un couteau. Servez tiède.

Mini-cakes au nougat

Pour 4 personnes / Facile
Préparation : 15 min / Cuisson : 20 min

- 150 g de nougat
- 80 g de sucre
- 3 œufs
- 180 g de farine
- 1 sachet de levure chimique
- 10 cl de lait
- 10 cl d'huile
- 1 c. à s. d'extrait de vanille

1. Coupez le nougat en petits morceaux.

2. Dans un saladier, mélangez la farine avec la levure.

3. À part, battez les œufs avec le sucre et ajoutez-les à la farine. Mélangez bien, puis incorporez le lait, l'huile et l'extrait de vanille.

4. Ajoutez les morceaux de nougat, mélangez bien et versez dans de petits moules à cake préalablement beurrés. Laissez reposer 1 h au réfrigérateur.

5. Enfournez à 180 °C (th. 6) pendant 20 min environ. Vérifiez la cuisson avec la pointe d'un couteau. Servez tiède.

Mini-cakes au safran et au miel

Pour 4 personnes / Facile
Préparation : 10 min / Cuisson : 20 min

- 3 œufs
- 180 g de farine
- 1 sachet de levure chimique
- 10 cl de fromage blanc
- 100 g de beurre fondu
- 1 g de safran
- 100 g de miel
- 1 pincée de piment de Cayenne
- 80 g de sucre semoule

1. Mélangez le fromage blanc et les œufs. Versez cette préparation dans un bol avec la farine, le beurre fondu, le sucre, la levure, le miel, le safran, le piment de Cayenne et mélangez pour former une pâte homogène et lisse.

2. Recouvrez de film alimentaire et laissez reposer au frais 1 h. Versez ensuite la pâte dans de petits moules à cake préalablement beurrés.

3. Enfournez à 180 °C (th. 6) pendant 20 min. Vérifiez la cuisson avec la pointe d'un couteau. Servez tiède.

Mini-cakes aux dattes *et à la fleur d'oranger*

Pour 4 personnes / Facile
Préparation : 10 min / Cuisson : 20 min

- 3 œufs
- 180 g de farine
- 1 sachet de levure chimique
- 10 cl de lait
- 100 g de beurre fondu
- 100 g de dattes dénoyautées
- 1 c. à s. de fleur d'oranger
- 120 g de sucre semoule

1. Mélangez le lait et les œufs. Versez cette préparation dans un bol avec la farine, le beurre fondu, le sucre, la levure, la fleur d'oranger et mélangez pour former une pâte homogène et lisse.

2. Recouvrez de film alimentaire et laissez reposer au frais 1 h.

3. Coupez les dattes en morceaux grossiers, incorporez-les à la pâte et versez dans un moule à cake préalablement beurré.

4. Enfournez à 180 °C (th. 6) pendant 20 min. Vérifiez la cuisson avec la pointe d'un couteau. Servez tiède.

Mini-cakes aux écorces *d'orange confites*

Pour 4 personnes / Facile
Préparation : 15 min / Cuisson : 20 min

- 50 g d'orangettes
- 100 g de sucre
- 3 œufs
- 180 g de farine
- 1 sachet de levure chimique
- 10 cl de lait
- 10 cl d'huile
- 3 cl de Grand-Marnier

1. Coupez les orangettes en petits dés.

2. Dans un saladier, mélangez la farine avec la levure.

3. À part, battez les œufs avec le sucre et ajoutez-les à la farine. Mélangez bien, puis incorporez le lait, l'huile et le Grand-Marnier.

4. Ajoutez les orangettes, mélangez bien et versez dans de petits moules à cake préalablement beurrés. Laissez reposer 1 h au réfrigérateur.

5. Enfournez à 180 °C (th. 6) pendant 20 min environ. Vérifiez la cuisson avec la pointe d'un couteau.

Mini-cakes aux figues *et au miel*

Pour 4 personnes / Facile
Préparation : 10 min / Cuisson : 20 min

- 3 œufs
- 180 g de farine
- 1 sachet de levure chimique
- 10 cl de lait
- 100 g de beurre fondu
- 180 g de figues
- 100 g de miel
- 80 g de sucre semoule

1. Mélangez le lait et les œufs. Versez cette préparation dans un bol avec la farine, le beurre fondu, le sucre, la levure, le miel et mélangez pour former une pâte homogène et lisse.

2. Recouvrez de film alimentaire et laissez reposer au frais 1 h.

3. Équeutez et coupez les figues en morceaux. Incorporez-les à la pâte et versez dans de petits moules à cake préalablement beurrés.

4. Enfournez à 180 °C (th. 6) pendant 20 min. Vérifiez la cuisson avec la pointe d'un couteau. Servez tiède.

Mini-cakes aux mandarines *et figues sèches*

Pour 4 personnes / Facile
Préparation : 20 min / Cuisson : 20 min

- 3 mandarines
- 5 figues sèches
- 80 g de sucre
- 3 œufs
- 180 g de farine
- 1 sachet de levure chimique
- 10 cl de lait
- 10 cl d'huile

1. Épluchez les mandarines, séparez les quartiers et coupez-les en deux. Coupez les figues sèches en petits morceaux.

2. Dans un saladier, mélangez la farine avec la levure.

3. À part, battez les œufs avec le sucre et ajoutez-les à la farine. Mélangez bien, puis incorporez le lait et l'huile.

4. Ajoutez les mandarines et les figues, mélangez bien et versez dans de petits moules à cake préalablement beurrés. Laissez reposer 1 h au réfrigérateur.

5. Enfournez à 180 °C (th. 6) pendant 20 min environ. Vérifiez la cuisson avec la pointe d'un couteau.

Mini-cakes *aux marshmallows*

Pour 4 personnes / Facile
Préparation : 10 min / Cuisson : 20 min

- 3 œufs
- 180 g de farine
- 1 sachet de levure chimique
- 10 cl de lait
- 100 g de beurre fondu
- 100 g de marshmallows
- 80 g de sucre semoule

1. Mélangez le lait et les œufs. Versez cette préparation dans un bol avec la farine, le beurre fondu, le sucre, la levure et mélangez pour former une pâte homogène et lisse.

2. Recouvrez de film alimentaire et laissez reposer au frais 1 h.

3. Coupez les marshmallows en morceaux. Incorporez-les à la pâte et versez dans de petits moules à cake préalablement beurrés.

4. Enfournez à 180 °C (th. 6) pendant 20 min. Vérifiez la cuisson avec la pointe d'un couteau. Servez tiède.

Mini-cakes aux marshmallows ▶

Mini-cakes aux myrtilles *et au sirop d'érable*

Pour 4 personnes / Facile
Préparation : 10 min / Cuisson : 20 min

- 3 œufs
- 180 g de farine
- 1 sachet de levure chimique
- 10 cl de lait
- 100 g de beurre fondu
- 100 g de myrtilles
- 120 g de sirop d'érable
- 150 g de sucre

1. Mélangez le lait et les œufs. Versez cette préparation dans un bol avec la farine, le beurre fondu, le sucre, la levure, le sirop d'érable et mélangez pour former une pâte homogène et lisse.

2. Recouvrez de film alimentaire et laissez reposer au frais 1 h.

3. Incorporez les myrtilles à la pâte et versez dans de petits moules à cake préalablement beurrés.

4. Enfournez à 180 °C (th. 6) pendant 20 min. Vérifiez la cuisson avec la pointe d'un couteau. Servez tiède.

◁ Mini-cakes aux myrtilles

Mini-cakes *aux raisins*

Pour 4 personnes / Facile
Préparation : 15 min / Cuisson : 20 min

- 30 g de raisins secs
- 3 œufs
- 180 g de farine
- 1 sachet de levure chimique
- 10 cl de lait
- 100 g de beurre fondu
- 120 g de sucre
- 10 cl de rhum

1. Mélangez le lait et les œufs. Versez la préparation dans un saladier avec la farine, le beurre, le sucre, la levure et mélangez bien afin d'obtenir une pâte homogène et lisse.

2. Recouvrez de film alimentaire et laissez reposer au frais pendant 1 h.

3. Faites macérer les raisins secs dans le rhum pendant 15 min. Égouttez-les, puis incorporez-les à la pâte.

4. Versez la pâte dans de petits moules à cake préalablement beurrés. Faites cuire au four à 180 °C (th. 6) pendant 20 min. Vérifiez la cuisson avec la pointe d'un couteau. Servez tiède.

Mini-cakes aux toffees *et au beurre salé*

Pour 4 personnes / Facile
Préparation : 10 min / Cuisson : 20 min

- 3 œufs
- 180 g de farine
- 1 sachet de levure chimique
- 10 cl de lait
- 100 g de beurre demi-sel fondu
- 100 g de toffees mous
- 80 g de sucre semoule

1. Mélangez le lait et les œufs. Versez cette préparation dans un bol avec la farine, le beurre fondu, le sucre, la levure et mélangez pour former une pâte homogène et lisse.

2. Recouvrez de film alimentaire et laissez reposer au frais 1 h.

3. Coupez les toffees en deux. Incorporez les morceaux à la pâte et versez dans de petits moules à cake préalablement beurrés.

4. Enfournez à 180 °C (th. 6) pendant 20 min. Vérifiez la cuisson avec la pointe d'un couteau. Servez tiède.

Mini-cakes *banane et dattes*

Pour 4 personnes / Facile
Préparation : 15 min / Cuisson : 20 min

- 1/2 banane
- 3 dattes
- 3 œufs
- 180 g de farine
- 10 cl de lait
- 1/2 sachet de levure chimique
- 10 cl d'huile
- 1 c. à s. de miel
- 1 noix de beurre

1. Épluchez la banane et coupez-la en petits dés ainsi que les dattes.

2. Fouettez les œufs avec le miel. Incorporez la farine et la levure petit à petit. Ajoutez l'huile et le lait en mélangeant bien. Ajoutez les dés de banane et de dattes.

3. Beurrez de petits moules à cake et remplissez-les aux trois quarts avec la pâte. Laissez reposer 1 h au réfrigérateur.

4. Enfournez à 180 °C (th. 6) pendant 25 min environ. Démoulez-les et laissez refroidir.

Mini-cakes marbrés *chocolat et noix de coco*

Pour 4 personnes / Facile
Préparation : 20 min / Cuisson : 20 min

- 100 g de cacao
- 20 g de noix de coco râpée
- 3 œufs
- 100 g de sucre
- 180 g de farine
- 1 sachet de levure chimique
- 10 cl de lait de coco
- 10 cl d'huile

1. Dans un saladier, mélangez la farine avec la levure.

2. Battez les œufs à part avec le sucre. Ajoutez-les à la farine et mélangez bien, puis incorporez le lait de coco et l'huile.

3. Partagez la pâte en deux. Ajoutez le cacao dans l'une et la noix de coco râpée dans l'autre. Mélangez bien.

4. Répartissez les deux pâtes dans de petits moules à cake préalablement beurrés, en alternant les couches de pâte au cacao et de pâte à la noix de coco.

5. Laissez reposer 1 h au réfrigérateur, puis enfournez à 180 °C (th. 6) pendant 20 min. Vérifiez la cuisson avec la pointe d'un couteau. Servez froid.

Mini-cakes sucrés *à la courgette*

Pour 6-8 personnes / Facile
Préparation : 20 min / Cuisson : 30 min

- 500 g de courgettes
- 200 g de farine
- 150 g de sucre
- 100 g de cerneaux de noix
- 10 cl d'huile de noix
- 2 œufs
- 1 sachet de levure chimique
- 1 sachet de sucre vanillé
- 1 c. à c. de cannelle en poudre
- 1/2 c. à c. de gingembre en poudre
- 1 pincée de sel

1. Lavez les courgettes, essuyez-les, coupez les deux extrémités et râpez-les grossièrement. Concassez les noix.

2. Dans un saladier, mélangez bien le sucre, l'huile, les œufs, la levure, le sucre vanillé, la cannelle, le gingembre et le sel.

3. Incorporez peu à peu la farine. Lorsque la pâte est homogène, ajoutez délicatement les courgettes et les noix. Versez la préparation dans de petits moules à cake préalablement beurrés.

4. Enfournez à mi-hauteur à 180 °C (th. 6) pendant environ 30 min. Vérifiez la cuisson avec la pointe d'un couteau. Laissez refroidir et démoulez avant de servir.

Mini-cakes noix de coco *et ananas*

Pour 1 cake / Facile
Préparation : 15 min / Cuisson : 20 min

- 100 g de sucre
- 3 œufs
- 140 g de farine
- 40 g de noix de coco en poudre
- 1/8 d'ananas
- 1 sachet de levure chimique
- 10 cl de lait
- 10 cl d'huile

1. Épluchez l'ananas et coupez-le en petits dés.

2. Dans un saladier, mélangez la farine avec la levure.

3. À part, battez les œufs avec le sucre et ajoutez-les à la farine. Mélangez bien, puis incorporez le lait et l'huile.

4. Ajoutez les dés d'ananas, mélangez bien et versez dans de petits moules à cake préalablement beurrés. Laissez reposer 1 h au réfrigérateur.

5. Enfournez à 180 °C (th. 6) pendant 20 min environ. Vérifiez la cuisson avec la pointe d'un couteau. Servez froid.

Mini-cakes *Tagada*

Pour 4 personnes / Facile
Préparation : 10 min / Cuisson : 20 min

- 3 œufs
- 180 g de farine
- 1 sachet de levure chimique
- 10 cl de lait
- 100 g de beurre fondu
- 100 g de fraises Tagada
- 5 cl de liqueur de framboises
- 80 g de sucre semoule

1. Mélangez le lait et les œufs. Versez ce mélange dans un bol avec la farine, le beurre fondu, le sucre, la levure, la liqueur de framboises et mélangez pour former une pâte homogène et lisse.

2. Recouvrez de film alimentaire et laissez reposer au frais 1 h.

3. Incorporez les fraises Tagada à la pâte et versez dans de petits moules à cake préalablement beurrés.

4. Enfournez à 180 °C (th. 6) pendant 20 min. Vérifiez la cuisson avec la pointe d'un couteau. Servez tiède.

Cupcakes « tout simples » *à la saveur de vanille*

Pour 12 cupcakes / Facile
Préparation : 25 min / Cuisson : 25 min

- 1 c. à c. d'extrait de vanille
- 75 g de beurre ramolli
- 135 g de sucre
- 1 œuf
- 20 cl de crème fraîche épaisse
- 150 g de farine
- 1 c. à c. de levure chimique
- 1 c. à c. de bicarbonate de soude
- Sel

Pour le glaçage :

- 60 g de beurre ramolli
- 30 g de sucre glace
- 2 c. à c. d'extrait de vanille
- Quelques gouttes de colorant alimentaire au choix

1. Travaillez le beurre ramolli et le sucre, jusqu'à l'obtention d'une préparation crémeuse.

2. Incorporez l'œuf, l'extrait de vanille et la crème fraîche épaisse, puis mélangez bien tous les ingrédients.

3. Dans un grand bol, mélangez la farine, la levure, le bicarbonate de soude et une pincée de sel.

4. Incorporez ce mélange à la préparation précédente. Mélangez afin d'obtenir une pâte un peu collante.

5. Répartissez la préparation dans des petits moules en papier sulfurisé (ou en silicone), sans dépasser les trois quarts de la hauteur.

6. Enfournez pour 25 min à 180 °C (th. 6). La cuisson est achevée lorsque la lame d'un couteau, enfoncée au cœur du gâteau, ressort bien sèche.

7. À la fin de la cuisson, laissez refroidir les gâteaux sur une grille.

8. Préparez le glaçage : au fouet électrique, battez le beurre ramolli et incorporez-y peu à peu le sucre glace. Ajoutez l'extrait de vanille et le colorant alimentaire.

9. Recouvrez le dessus des cupcakes avec le glaçage.

Cupcakes à l'huile d'argan

Pour 6 cupcakes / Facile
Préparation : 25 min / Cuisson : 20 min

- 1 œuf + 1 jaune d'œuf
- 80 g de sucre
- 2 c. à s. d'huile d'argan
- 60 g de farine
- 80 g de fécule de maïs
- 1 c. à c. de levure chimique
- Sel

Pour le glaçage :

- 1 blanc d'œuf
- 200 g de sucre glace
- 1 c. à c. de colorant alimentaire jaune
- Sel

1. Mettez l'œuf entier et le jaune d'œuf dans un saladier. Battez-les avec le sucre jusqu'à ce que la préparation blanchisse.

2. Ajoutez l'huile d'argan, puis la farine, la fécule de maïs, la levure et une pincée de sel. Mélangez bien.

3. Répartissez la préparation dans des petits moules en papier sulfurisé (ou en silicone), sans dépasser les trois quarts de la hauteur.

4. Enfournez pour environ 20 min à 180 °C (th. 6). La cuisson est achevée lorsque la lame d'un couteau, enfoncée au cœur du gâteau, ressort bien sèche.

5. À la fin de la cuisson, laissez refroidir les gâteaux sur une grille.

6. Préparez le glaçage : battez le blanc d'œuf en neige avec une petite pincée de sel, puis ajoutez-y en mélangeant délicatement le sucre glace et le colorant alimentaire.

7. Recouvrez le dessus des cupcakes avec le glaçage.

Cupcakes *à l'amaretto*

Pour 24 cupcakes / Facile
Préparation : 30 min
Cuisson : 10 à 15 min

- 3 c. à s. d'amaretto
- 425 g de farine
- 1 sachet de levure chimique
- 250 g de beurre
- 400 g de sucre
- 4 œufs
- 6 c. à s. de poudre d'amandes
- 25 cl de lait

Pour la crème :

- 225 g de beurre ramolli
- 800 g de sucre glace
- 12 cl de lait
- Quelques gouttes de colorant alimentaire rouge

1. Dans un grand bol, mélangez la farine et la levure.

2. Dans un autre récipient, mélangez bien le beurre et le sucre. Fouettez jusqu'à l'obtention d'une préparation crémeuse. Incorporez ensuite les œufs un par un, puis l'amaretto, sans cesser de fouetter.

3. Ajoutez le mélange farine-levure, la poudre d'amandes et le lait tout en mélangeant, afin d'obtenir une préparation homogène.

4. Répartissez la préparation dans des petits moules en papier sulfurisé (ou en silicone), sans dépasser les trois quarts de la hauteur.

5. Enfournez pour environ 10 min à 180 °C (th. 6). La cuisson est achevée lorsque la lame d'un couteau, enfoncée au cœur du gâteau, ressort bien sèche.

6. À la fin de la cuisson, laissez refroidir les gâteaux sur une grille.

7. Préparez la crème : dans un saladier, mélangez le beurre ramolli, la moitié du sucre glace et le lait. Mélangez, puis ajoutez le colorant alimentaire et le reste de sucre glace, sans cesser de fouetter.

8. À l'aide d'une poche à douille, garnissez le dessus de chaque cupcake de crème.

Cupcakes à la crème *de marrons*

Pour 12 cupcakes / Facile
Préparation : 25 min / Cuisson : 18 min

- 120 g de beurre
- 120 g de sucre
- 2 œufs
- 120 g de farine
- 2 c. à s. de lait
- 1 sachet de levure chimique

Pour le glaçage :

- 150 g de crème de marrons

1. Mettez le beurre dans un saladier, ajoutez le sucre, les œufs et la farine et mélangez bien.

2. Ajoutez ensuite le lait et la levure tout en continuant à mélanger, afin d'obtenir une préparation homogène.

3. Répartissez la préparation dans des petits moules en papier sulfurisé (ou en silicone), sans dépasser les trois quarts de la hauteur.

4. Enfournez pour environ 18 min à 180 °C (th. 6). La cuisson est achevée lorsque la lame d'un couteau, enfoncée au cœur du gâteau, ressort bien sèche.

5. À la fin de la cuisson, laissez refroidir les gâteaux sur une grille.

6. À l'aide d'une poche à douille, recouvrez les cupcakes de crème de marrons.

Cupcakes à la banane, *glaçage à la fraise*

Pour 12 cupcakes / Facile
Préparation : 25 min / Cuisson : 20 min

- 1 banane et demie
- 90 g de beurre
- 110 g de sucre de canne blond
- 2 œufs
- 150 g de farine
- 1 c. à c. de bicarbonate de soude
- 1 c. à c. de cannelle, de gingembre et de noix de muscade en poudre mélangés
- 2 c. à s. de crème fraîche
- 2 c. à s. de lait

Pour le glaçage :

- 60 g de beurre
- 250 g de fromage frais à tartiner
- 500 g de sucre glace
- 1 c. à s. de confiture de fraises

1. Dans un saladier, mélangez le beurre et le sucre de canne.

2. Ajoutez les œufs, puis la farine, le bicarbonate et le mélange d'épices.

3. Incorporez les bananes préalablement épluchées et écrasées, puis la crème fraîche et le lait.

4. Mélangez tous les ingrédients jusqu'à l'obtention d'une préparation bien homogène.

5. Répartissez la préparation dans des petits moules en papier sulfurisé (ou en silicone), sans dépasser les trois quarts de la hauteur.

6. Enfournez pour environ 20 min à 180 °C (th. 6). La cuisson est achevée lorsque la lame d'un couteau, enfoncée au cœur du gâteau, ressort bien sèche.

7. À la fin de la cuisson, laissez refroidir les gâteaux sur une grille.

8. Préparez le glaçage : au batteur électrique, mélangez le fromage frais et le beurre, puis ajoutez peu à peu le sucre glace et la confiture.

9. Recouvrez le dessus des cupcakes avec le glaçage à la fraise.

Cupcakes *à la vanille*

Pour 12 cupcakes / Facile
Préparation : 25 min / Cuisson : 25 min

- 75 g de beurre ramolli
- 135 g de sucre
- 1 œuf
- 1 c. à c. d'extrait de vanille
- 20 cl de crème fraîche épaisse
- 150 g de farine
- 1 c. à c. de bicarbonate de soude
- 1 c. à c. de levure chimique
- Sel

Pour le glaçage :

- 100 g de beurre ramolli
- 200 g de sucre glace
- 2 c. à c. d'extrait de vanille

1. Mettez le beurre ramolli dans un saladier et travaillez-le avec le sucre, jusqu'à l'obtention d'une préparation crémeuse. Incorporez l'œuf, puis l'extrait de vanille et la crème fraîche. Mélangez bien tous les ingrédients.

2. Dans un autre récipient, mélangez bien la farine, le bicarbonate de soude, la levure chimique et une petite pincée de sel. Ajoutez peu à peu ce mélange à la préparation précédente en mélangeant, afin d'obtenir une pâte légèrement collante.

3. Répartissez la préparation dans des petits moules en papier sulfurisé (ou en silicone), sans dépasser les trois quarts de la hauteur.

4. Enfournez pour environ 25 min à 180 °C (th. 6). La cuisson est achevée lorsque la lame d'un couteau, enfoncée au cœur du gâteau, ressort bien sèche.

5. À la fin de la cuisson, laissez refroidir les gâteaux sur une grille.

6. Préparez le glaçage : dans un petit saladier, battez le beurre ramolli au fouet électrique, en y incorporant peu à peu le sucre glace, jusqu'à l'obtention d'une crème au beurre. Incorporez l'extrait de vanille.

7. Recouvrez le dessus des cupcakes avec le glaçage à la vanille.

Cupcakes à la confiture *de framboises et au parfum de rose*

Pour 12 cupcakes / Facile
Préparation : 30 min / Cuisson : 20 min

- 4 œufs
- 200 g de beurre demi-sel ramolli
- 180 g de sucre
- 200 g de farine
- 1 sachet de levure chimique
- 2 c. à s. d'eau de rose
- 2 c. à s. de lait
- Confiture de framboises

Pour le glaçage :

- 1 blanc d'œuf
- 200 à 250 g de sucre glace
- 2 à 4 gouttes de colorant alimentaire rose

1. Cassez les œufs au-dessus d'un bol et battez-les légèrement à la fourchette.

2. Mettez le beurre dans un autre récipient et mélangez-le au sucre jusqu'à l'obtention d'une préparation crémeuse.

3. Incorporez peu à peu les œufs battus, sans cesser de mélanger.

4. Ajoutez la farine, la levure, puis l'eau de rose et le lait tout en continuant à mélanger.

5. Versez 1 cuillerée de pâte dans le fond de chaque petit moule en papier sulfurisé (ou en silicone).

6. Recouvrez d'une couche de confiture de framboises avant d'ajouter une seconde cuillerée de pâte, sans dépasser les trois quarts de la hauteur de chaque moule.

7. Enfournez à 180 °C (th. 6) pour 20 min environ. La cuisson est achevée lorsque la lame d'un couteau, enfoncée au cœur du gâteau, ressort bien sèche.

8. À la fin de la cuisson, laissez refroidir les gâteaux sur une grille.

9. Préparez le glaçage : dans un bol, mélangez le blanc d'œuf, environ 200 g de sucre glace et le colorant alimentaire.

10. Mélangez tous ces ingrédients tout en incorporant encore un peu de sucre glace, afin d'obtenir une préparation assez ferme pour être étalée sans couler.

11. Recouvrez le dessus des cupcakes avec le glaçage.

Cupcakes *amandes-pistaches*

Pour 12 cupcakes / Facile
Préparation : 25 min / Cuisson : 20 min

- 50 g de pistaches nature, grossièrement concassées
- 50 g de poudre d'amandes
- 4 œufs
- 200 g de beurre demi-sel ramolli
- 180 g de sucre
- 150 g de chocolat noir
- 150 g de farine
- 1 sachet de levure chimique
- 2 c. à s. de lait

Pour le glaçage :

- 100 g de beurre ramolli
- 150 g de sucre glace
- 4 c. à s. de lait
- 2 à 3 gouttes de colorant alimentaire vert

1. Cassez les œufs au-dessus d'un bol et battez-les légèrement à la fourchette. Faites fondre le chocolat au bain-marie.

2. Dans un autre récipient, mélangez bien le beurre ramolli avec le sucre et le chocolat jusqu'à l'obtention d'une préparation crémeuse.

3. Incorporez les œufs peu à peu, sans cesser de mélanger, puis ajoutez la farine, la levure, la poudre d'amandes et, pour finir, le lait et les pistaches, toujours en mélangeant.

4. Répartissez la préparation dans des petits moules en papier sulfurisé (ou en silicone), sans dépasser les trois quarts de la hauteur.

5. Enfournez pour environ 20 min à 180 °C (th. 6). La cuisson est achevée lorsque la lame d'un couteau, enfoncée au cœur du gâteau, ressort bien sèche.

6. À la fin de la cuisson, laissez refroidir les gâteaux sur une grille.

7. Préparez le glaçage : mélangez bien le beurre, le sucre glace, le colorant vert et le lait, afin d'obtenir une consistance pâteuse, pas trop liquide.

8. Recouvrez le dessus des cupcakes avec le glaçage vert.

Cupcakes au chocolat *au poivre rose*

Pour 12 cupcakes / Facile
Préparation : 25 min / Cuisson : 20 min

- 4 carrés de chocolat noir
- 80 g de chocolat noir au poivre rose
- 100 g de beurre
- 150 g de sucre
- 4 œufs
- 180 g de farine
- 1 sachet de levure chimique
- 1 petit pot de yaourt nature
- Sel

Pour le glaçage :

- Pâte au chocolat à tartiner

1. Mettez le beurre dans un saladier. Fouettez-le avec le sucre, puis ajoutez les œufs, la farine, la levure, le yaourt et une pincée de sel.

2. Faites fondre le chocolat noir et ajoutez-le à la pâte. Ajoutez les dés de chocolat noir au poivre rose à l'aide d'une spatule.

3. Répartissez la préparation dans des petits moules en papier sulfurisé (ou en silicone), sans dépasser les trois quarts de la hauteur.

4. Enfournez pour environ 20 min à 180 °C (th. 6). La cuisson est achevée lorsque la lame d'un couteau, enfoncée au cœur du gâteau, ressort bien sèche.

5. À la fin de la cuisson, laissez refroidir les gâteaux sur une grille.

6. À l'aide d'une poche à douille, garnissez le dessus des cupcakes de pâte au chocolat.

Cupcakes au chocolat, *garniture de pistaches*

Pour 20 cupcakes / Assez facile
Préparation : 35 min / Cuisson : 20 min

- 40 g de cacao non sucré
- 175 g de farine
- 2 c. à c. de levure chimique
- 1 c. à c. de bicarbonate de soude
- 115 g de beurre demi-sel ramolli
- 200 g de sucre de canne
- 2 œufs
- 24 cl de crème fraîche liquide

Pour la chantilly :

- 20 cl de crème fraîche liquide
- 80 g de chocolat noir en morceaux

Pour la garniture :

- Pistaches concassées

1. Dans un grand bol, mélangez la farine, le cacao, la levure et le bicarbonate de soude.

2. Dans un autre récipient, battez ensemble le beurre ramolli et le sucre de canne, jusqu'à l'obtention d'une préparation crémeusE. Incorporez les œufs un à un, en mélangeant bien entre chacun. Ajoutez le mélange de farine, cacao, levure et bicarbonate en alternance avec la crème fraîche liquide.

3. Répartissez la préparation dans des petits moules en papier sulfurisé (ou en silicone), sans dépasser les trois quarts de la hauteur.

4. Enfournez pour environ 20 min à 180 °C (th. 6). La cuisson est achevée lorsque la lame d'un couteau, enfoncée au cœur du gâteau, ressort bien sèche.

5. À la fin de la cuisson, laissez refroidir les gâteaux sur une grille.

6. Préparez la chantilly : portez la crème à ébullition, puis versez-la sur le chocolat. Mélangez bien ces ingrédients et mettez-les au frais pendant 2 à 3 h. Dès que la crème est très froide, montez-la en chantilly.

7. À l'aide d'une poche à douille, garnissez le dessus de chaque cupcake de chantilly chocolatée, puis décorez de pistaches concassées.

Cupcakes au chocolat *blanc et aux myrtilles*

Pour 20 cupcakes / Facile
Préparation : 30 min / Cuisson : 25 min

- 100 g de chocolat blanc en copeaux
- 300 g de myrtilles
- 200 g de farine
- 1 sachet de levure chimique
- 125 g de sucre
- 125 g de beurre ramolli
- 3 œufs
- 1 c. à c. d'extrait de vanille
- Sel

Pour le glaçage :

- 100 g de sucre glace
- 1 citron jaune fraîchement pressé
- 3 gouttes de colorant alimentaire bleu

1. Dans un saladier, versez la farine et incorporez-y la levure chimique, le sucre et une pincée de sel.

2. Incorporez ensuite le beurre ramolli et mélangez bien tous les ingrédients.

3. Ajoutez les œufs et mélangez une nouvelle fois avant d'incorporer l'extrait de vanille et les copeaux de chocolat blanc.

4. Ajoutez enfin les myrtilles et mélangez encore une fois.

5. Répartissez la préparation dans des petits moules en papier sulfurisé (ou en silicone), sans dépasser les trois quarts de la hauteur.

6. Enfournez pour environ 25 min à 180 °C (th. 6). La cuisson est achevée lorsque la lame d'un couteau, enfoncée au cœur du gâteau, ressort bien sèche.

7. À la fin de la cuisson, laissez refroidir les gâteaux sur une grille.

8. Préparez le glaçage : mélangez le sucre glace, le colorant bleu et le jus de citron, afin d'obtenir une consistance pâteuse, pas trop liquide.

9. Recouvrez le dessus des cupcakes avec le glaçage au citron.

Cupcakes au citron

Pour 12 cupcakes / Facile
Préparation : 30 min / Cuisson : 20 min

- 1 citron jaune non traité
- 4 œufs
- 200 g de beurre demi-sel ramolli
- 200 g de sucre
- 200 g de farine
- 1 sachet de levure chimique

Pour le glaçage :

- 300 g de fromage frais à tartiner
- 3 c. à s. de sucre glace
- 3 c. à s. de jus de citron jaune

1. Râpez le zeste du citron. Pressez le fruit et réservez le jus.

2. Cassez les œufs au-dessus d'un bol et battez-les légèrement à la fourchette.

3. Dans un autre récipient, mélangez bien le beurre ramolli et le sucre ainsi que le zeste de citron, jusqu'à l'obtention d'une préparation crémeuse.

4. Ajoutez alors les œufs battus peu à peu, puis la farine, la levure et enfin le jus de citron, toujours en mélangeant.

5. Répartissez la préparation dans des petits moules en papier sulfurisé (ou en silicone), sans dépasser les trois quarts de la hauteur.

6. Enfournez pour environ 20 min à 180 °C (th. 6). La cuisson est achevée lorsque la lame d'un couteau, enfoncée au cœur du gâteau, ressort bien sèche.

7. À la fin de la cuisson, laissez refroidir les gâteaux sur une grille.

8. Préparez le glaçage : dans un grand bol, mélangez bien le fromage frais, le sucre glace et le jus de citron, afin d'obtenir une préparation bien lisse.

9. Recouvrez le dessus des cupcakes avec le glaçage.

Cupcakes au citron vert, *chantilly à la framboise*

Pour 8 cupcakes / Assez facile
Préparation : 30 min / Cuisson : 20 min

- Le zeste râpé et le jus d'un demi-citron vert, non traité
- 160 g de farine
- 1,5 c. à c. de levure chimique
- 55 g de beurre demi-sel ramolli
- 125 g de sucre
- 1 œuf
- 6 cl de crème fraîche liquide
- Sel

Pour la chantilly :

- 20 cl de crème fraîche liquide
- 1 c. à s. de gelée de framboises

1. Dans un grand bol, mélangez la farine, la levure et une pointe de sel.

2. D'autre part, battez dans un robot le beurre, le sucre et le zeste de citron, jusqu'à l'obtention d'une préparation crémeuse.

3. Ajoutez l'œuf en continuant à bien mélanger, puis incorporez petit à petit la farine, la crème liquide et le jus de citron.

4. Répartissez la préparation dans des petits moules en papier sulfurisé (ou en silicone), sans dépasser les trois quarts de la hauteur.

5. Enfournez pour environ 20 min à 180 °C (th. 6). La cuisson est achevée lorsque la lame d'un couteau, enfoncée au cœur du gâteau, ressort bien sèche.

6. À la fin de la cuisson, laissez refroidir les gâteaux sur une grille.

7. Préparez la chantilly : montez la crème très froide en chantilly, puis incorporez délicatement la gelée de framboises sans cesser de mélanger énergiquement.

8. À l'aide d'une poche à douille, surmontez chaque cupcake d'une noix de chantilly à la framboise.

Cupcakes au citron *et aux graines de pavot*

Pour 10 cupcakes / Facile
Préparation : 35 min / Cuisson : 25 min

- 1 citron jaune non traité
- 1 c. à s. de graines de pavot bleu
- 100 g de farine
- 1/2 sachet de levure chimique
- 55 g de beurre ramolli
- 150 g de sucre
- 2 œufs
- 1 c. à c. de vanille en poudre
- 12,5 cl de lait fermenté
- Sel

Pour le glaçage :

- 25 cl de mascarpone
- 2 c. à s. de sucre glace
- 1/2 c. à c. de vanille en poudre
- 3 c. à s. de lemon curd

1. Râpez le zeste du citron. Pressez le fruit et réservez le jus.

2. Versez la farine dans un grand bol, mélangez-y la levure et une pincée de sel.

3. Dans un autre récipient, mélangez le beurre ramolli et le sucre, jusqu'à l'obtention d'une préparation crémeuse. Incorporez-y les œufs un à un, sans cesser de fouetter, puis ajoutez la vanille, le zeste et le jus du citron ainsi que les graines de pavot.

4. Ajoutez la moitié du mélange à la farine, puis le lait et le reste de mélange à la farine.

5. Répartissez la préparation dans des petits moules en papier sulfurisé (ou en silicone), sans dépasser les trois quarts de la hauteur.

6. Enfournez pour environ 25 min à 180 °C (th. 6). La cuisson est achevée lorsque la lame d'un couteau, enfoncée au cœur du gâteau, ressort bien sèche.

7. À la fin de la cuisson, laissez refroidir les gâteaux sur une grille.

8. Préparez le glaçage : dans le bol d'un mixeur, fouettez le mascarpone, le sucre glace et la vanille, jusqu'à ce que les fouets du mixeur forment des pics. Incorporez alors le lemon curd et mélangez le tout délicatement à la spatule. Réservez au frais.

9. Découpez le chapeau des cupcakes à la limite des moules et réservez-les. Déposez le glaçage sur les cupcakes, puis reposez le chapeau dessus, côté rond vers l'intérieur.

Cupcakes *aux cerises*

Pour 10 cupcakes / Facile
Préparation : 25 min / Cuisson : 15 min

- 125 g de beurre ramolli
- 110 g de sucre de canne
- 2 œufs
- Quelques gouttes d'essence de vanille
- 20 g de farine
- 1/2 sachet de levure chimique
- 6 cl de lait
- 160 g de confiture de cerises
- Sel

Pour le glaçage :

- 30 g de beurre ramolli
- 125 g de fromage frais
- 320 g de sucre glace

1. À l'aide d'un batteur électrique réglé sur vitesse moyenne, battez le beurre ramolli et le sucre pendant 1 min, jusqu'à l'obtention d'une préparation homogène.

2. Ajoutez ensuite les œufs, la vanille et une pincée de sel. Continuez à battre, afin d'obtenir une préparation bien lisse.

3. Réglez le batteur sur vitesse lente et ajoutez la farine, la levure, puis la confiture et le lait.

4. Répartissez la préparation dans des petits moules en papier sulfurisé (ou en silicone), sans dépasser les trois quarts de la hauteur.

5. Enfournez pour 15 min à 180 °C (th. 6). La cuisson est achevée lorsque la lame d'un couteau, enfoncée au cœur du gâteau, ressort bien sèche.

6. À la fin de la cuisson, laissez refroidir les gâteaux sur une grille.

7. Préparez le glaçage : au batteur électrique, battez le beurre pendant quelques secondes, ajoutez le fromage frais. Continuez à battre pendant 1 min, puis ajoutez peu à peu le sucre glace avant de battre à vitesse maximale pendant quelques secondes.

8. Recouvrez le dessus des cupcakes avec le glaçage.

Cupcakes aux Carambars

Pour 10 cupcakes / Facile

Préparation : 25 min / Cuisson : 25 min

- 15 Carambars
- 120 g de beurre ramolli
- 160 g de sucre semoule
- 2 œufs
- 175 g de farine
- 1/2 sachet de levure chimique
- 25 cl de lait

Pour le glaçage :

- 120 g de beurre ramolli
- 140 g de sucre glace
- 3 à 4 c. à s. d'arôme caramel

1. Dans un saladier, mélangez le beurre ramolli et le sucre semoule. Incorporez ensuite les œufs un à un, puis ajoutez la farine et la levure.

2. Versez le lait dans une petite casserole et faites-y fondre une dizaine de Carambars.

3. Ajoutez le lait parfumé à la préparation précédente, en mélangeant bien. Incorporez-y le reste des Carambars coupés en petits morceaux.

4. Répartissez la préparation dans des petits moules en papier sulfurisé (ou en silicone), sans dépasser les trois quarts de la hauteur.

5. Enfournez pour environ 25 min à 180 °C (th. 6). La cuisson est achevée lorsque la lame d'un couteau, enfoncée au cœur du gâteau, ressort bien sèche.

6. À la fin de la cuisson, laissez refroidir les gâteaux sur une grille.

7. Préparez le glaçage : mélangez bien le beurre ramolli, le sucre glace et l'arôme caramel. Recouvrez le dessus des cupcakes avec le glaçage au caramel.

Cupcakes aux framboises *et à la crème*

Pour 12 cupcakes / Facile
Préparation : 35 min / Cuisson : 20 min

- 100 g de framboises
- 145 g de farine
- 1/2 sachet de levure chimique
- 115 g de beurre ramolli
- 110 g de sucre
- 2 œufs
- 15 cl de lait

Pour la crème :

- 200 g de cream cheese (fromage frais à tartiner)
- 135 g de sucre glace

1. Versez la farine et la levure dans un grand bol.

2. Dans un autre récipient, fouettez le beurre ramolli jusqu'à ce qu'il devienne crémeux. Incorporez-y peu à peu le sucre, sans cesser de fouetter pendant 3 min, puis ajoutez les œufs l'un après l'autre, en fouettant après chaque ajout.

3. Incorporez enfin la farine et la levure, en trois fois, en alternant avec le lait.

4. Répartissez la préparation dans des petits moules en papier sulfurisé (ou en silicone), sans dépasser les trois quarts de la hauteur.

5. Enfournez pour 20 min à 180 °C (th. 6). La cuisson est achevée lorsque la lame d'un couteau, enfoncée au cœur du gâteau, ressort bien sèche.

6. À la fin de la cuisson, laissez refroidir les gâteaux sur une grille.

7. Lavez les framboises et épongez-les délicatement. Coupez-les en morceaux.

8. Préparez la crème : fouettez le cream cheese afin de bien l'assouplir, puis incorporez-y le sucre glace.

9. Découpez le haut de chaque cupcake. Creusez délicatement l'intérieur et enlevez un peu de pâte. Remplissez la cavité obtenue avec quelques morceaux de framboises. Recouvrez le dessus des cupcakes avec le glaçage.

Cupcakes aux fraises, *glaçage au cream cheese*

Pour 10 cupcakes / Facile
Préparation : 25 min / Cuisson : 20 min

- Quelques fraises équeutées
- 10 cl de lait
- 1 gousse de vanille
- 100 g de beurre
- 150 g de farine
- 1 sachet de levure chimique
- 100 g de sucre
- 1 sachet de sucre vanillé
- 1 œuf
- Quelques pépites de chocolat

Pour le glaçage :

- 225 g de cream cheese (fromage frais à tartiner)
- 60 g de beurre ramolli
- 1 c. à c. de vanille en poudre
- 190 g de sucre glace
- 2 à 3 gouttes de colorant alimentaire rose

1. Versez le lait dans une petite casserole et faites chauffer avec la gousse de vanille. Ajoutez-y le beurre, le temps de le laisser fondre. Laissez ensuite refroidir un peu la préparation.

2. Versez la farine dans un saladier et incorporez-y la levure, le sucre et le sucre vanillé. Ajoutez ensuite l'œuf, puis le mélange au lait. Mélangez bien tous ces ingrédients.

3. Découpez en petits morceaux les fraises lavées et équeutées. Ajoutez-les au mélange précédent, avec des pépites de chocolat.

4. Répartissez la préparation dans des petits moules en papier sulfurisé (ou en silicone), sans dépasser les trois quarts de la hauteur.

5. Enfournez pour 20 min à 180 °C (th. 6). La cuisson est achevée lorsque la lame d'un couteau, enfoncée au cœur du gâteau, ressort bien sèche.

6. À la fin de la cuisson, laissez refroidir les gâteaux sur une grille.

7. Préparez le glaçage : fouettez le cream cheese juste pour l'assouplir. Incorporez-y ensuite le beurre ramolli, puis la vanille, le sucre glace et le colorant rose.

8. Recouvrez le dessus des cupcakes avec le glaçage.

Cupcakes aux framboises *et au duo chocolaté*

Pour 12 cupcakes / Assez facile
Préparation : 30 min / Cuisson : 20 min

- 100 g de framboises congelées
- 300 g de farine
- 1 c. à c. de levure chimique
- 120 g de sucre
- 2 œufs
- 20 cl de lait
- 125 g de beurre fondu
- Sel

Pour la crème au chocolat blanc :

- 20 cl de crème fraîche liquide
- 70 g de chocolat blanc

Pour la crème au chocolat au caramel :

- 20 cl de crème fraîche liquide
- 70 g de chocolat au caramel

1. Versez la farine dans un saladier et mélangez-y la levure, le sucre et une pincée de sel.

2. Ajoutez les œufs et le lait, puis mélangez bien tous les ingrédients. Incorporez ensuite le beurre et continuez à mélanger jusqu'à l'obtention d'une préparation bien lisse.

3. Incorporez les framboises toujours congelées et mélangez délicatement.

4. Répartissez la préparation dans des petits moules en papier sulfurisé (ou en silicone), sans dépasser les trois quarts de la hauteur.

5. Enfournez pour 20 min à 180 °C (th. 6). La cuisson est achevée lorsque la lame d'un couteau, enfoncée au cœur du gâteau, ressort bien sèche.

6. À la fin de la cuisson, laissez refroidir les gâteaux sur une grille.

7. Préparez la crème au chocolat blanc : battez la crème très froide en chantilly.

8. Faites fondre le chocolat blanc au bain-marie et incorporez-le à la chantilly.

9. À l'aide d'une poche à douille, décorez le dessus de six cupcakes avec cette crème.

10. Préparez la crème au chocolat au caramel : battez la crème très froide en chantilly.

11. Faites fondre le chocolat au caramel au bain-marie et incorporez-le à la chantilly.

12. À l'aide d'une poche à douille, décorez le dessus des six autres cupcakes avec cette crème.

Cupcakes *aux mûres*

Pour 8 cupcakes / Assez facile
Préparation : 30 min / Cuisson : 30 min

- 100 g de mûres fraîches
- 120 g de beurre ramolli
- 120 g de sucre
- 2 œufs
- 120 g de farine
- 1/2 sachet de levure chimique

Pour le sirop :

- 50 g de sucre
- 50 g de mûres fraîches

Pour la chantilly :

- 20 cl de crème fraîche liquide
- 2 c. à s. de sucre glace

1. Mettez le beurre ramolli dans un saladier et fouettez-le avec le sucre, jusqu'à l'obtention d'une préparation homogène.

2. Ajoutez les œufs un par un, puis incorporez la farine et la levure sans cesser de fouetter. Incorporez les mûres.

3. Répartissez la préparation dans des petits moules en papier sulfurisé (ou en silicone), sans dépasser les trois quarts de la hauteur.

4. Enfournez pour 20 min à 180 °C (th. 6). La cuisson est achevée lorsque la lame d'un couteau, enfoncée au cœur du gâteau, ressort bien sèche.

5. À la fin de la cuisson, laissez refroidir les gâteaux sur une grille.

6. Préparez un sirop en mélangeant le sucre et les 50 g de mûres. Faites cuire pendant environ 10 min. Filtrez la préparation et réservez-la.

7. Battez la crème très froide en chantilly puis, dès qu'elle commence à épaissir, incorporez le sucre glace en continuant à battre.

8. Garnissez-en les gâteaux à la poche à douille, puis arrosez légèrement de sirop de mûres.

Cupcakes aux noix *et au parfum de café*

Pour 12 cupcakes / Facile
Préparation : 25 min / Cuisson : 20 min

- 150 g de noix hachées
- 1 c. à c. d'extrait de café
- 1 c. à c. de café lyophilisé
- 200 g de farine
- 1 sachet de levure chimique
- 4 œufs
- 200 g de sucre
- 200 g de beurre ramolli

Pour le glaçage :

- 200 à 250 g de sucre glace
- 1 blanc d'œuf

1. Dans un grand bol, mélangez la farine et la levure chimique.

2. Dans un autre récipient, mélangez les œufs et le sucre. Ajoutez peu à peu le beurre ramolli, puis le mélange à la farine.

3. Incorporez ensuite les noix hachées et, pour finir, l'extrait de café et le café lyophilisé.

4. Répartissez la préparation dans des petits moules en papier sulfurisé (ou en silicone), sans dépasser les trois quarts de la hauteur.

5. Enfournez pour 20 min à 180 °C (th. 6). La cuisson est achevée lorsque la lame d'un couteau, enfoncée au cœur du gâteau, ressort bien sèche.

6. À la fin de la cuisson, laissez refroidir les gâteaux sur une grille.

7. Préparez le glaçage : dans un bol, mélangez bien le sucre glace et le blanc d'œuf, jusqu'à l'obtention d'une consistance pâteuse. Le poids exact de sucre glace dépend de celui du blanc d'œuf.

8. Recouvrez le dessus des cupcakes avec le glaçage.

Cupcakes aux pépites *de chocolat*

Pour 10 cupcakes / Facile
Préparation : 25 min / Cuisson : 20 min

- 1/2 sachet de pépites de chocolat
- 10 cl de lait
- 1 gousse de vanille
- 100 g de beurre
- 75 g de chocolat pâtissier en morceaux
- 150 g de farine
- 1 sachet de levure chimique
- 100 g de sucre
- 1 sachet de sucre vanillé
- 1 œuf

Pour le glaçage :

- 225 g de fromage frais à tartiner
- 60 g de beurre ramolli
- 1 c. à c. d'extrait de vanille
- 190 g de sucre glace

1. Versez le lait dans une casserole et faites-le chauffer avec la gousse de vanille fendue dans sa longueur. Ajoutez le beurre et faites-le fondre, puis ajoutez le chocolat pour qu'il fonde également. Poursuivez la cuisson jusqu'à l'obtention d'un mélange homogène et laissez-le un peu refroidir.

2. Versez la farine dans un saladier et mélangez-y la levure, le sucre et le sucre vanillé. Ajoutez l'œuf, puis incorporez la préparation précédente. Mélangez bien en ajoutant les pépites de chocolat.

3. Répartissez la préparation dans des petits moules en papier sulfurisé (ou en silicone), sans dépasser les trois quarts de la hauteur.

4. Enfournez pour 20 min à 210 °C (th. 7). La cuisson est achevée lorsque la lame d'un couteau, enfoncée au cœur du gâteau, ressort bien sèche.

5. À la fin de la cuisson, laissez refroidir les gâteaux sur une grille.

6. Préparez le glaçage : fouettez le fromage frais pour l'assouplir, incorporez-y le beurre et la vanille. Ajoutez le sucre glace et mélangez afin d'obtenir une préparation sucrée à votre goût.

7. Recouvrez le dessus des cupcakes avec le glaçage.

Cupcakes *choco-amandes*

Pour 12 cupcakes / Facile
Préparation : 25 min / Cuisson : 20 min

- 180 g de chocolat noir fondu au bain-marie
- 100 g de poudre d'amandes
- 3 œufs
- 60 g de sucre roux
- 1 sachet de sucre vanillé
- 100 g de beurre fondu
- 4 c. à s. de lait
- 40 g de fécule de maïs

Pour la garniture :

- Crème chantilly
- Vermicelles de chocolat

1. Cassez les œufs en séparant les blancs des jaunes. Mettez les jaunes dans un saladier et fouettez-les au fouet à main avec le sucre roux et le sucre vanillé.

2. Ajoutez le beurre et le lait, remuez, puis incorporez la fécule de maïs. Fouettez énergiquement l'ensemble, puis ajoutez le chocolat fondu.

3. Remuez doucement la préparation, terminez en incorporant la poudre d'amandes et mélangez bien.

4. Montez les blancs d'œufs en neige bien ferme et incorporez-les délicatement à la préparation précédente, en prenant soin de ne pas écraser la masse.

5. Répartissez la préparation dans des petits moules en papier sulfurisé (ou en silicone), sans dépasser les trois quarts de la hauteur.

6. Enfournez pour 20 min à 180 °C (th. 6). La cuisson est achevée lorsque la lame d'un couteau, enfoncée au cœur du gâteau, ressort bien sèche.

7. À la fin de la cuisson, laissez refroidir les gâteaux sur une grille.

8. Lorsque les cupcakes sont froids, disposez une noix de chantilly sur chacun d'eux et parsemez de vermicelles de chocolat.

Cupcakes chocolat et noisettes, *chantilly chocolatée*

Pour 12 cupcakes / Facile
Préparation : 30 min / Cuisson : 20 min

- 60 g de noisettes
- 220 g de farine
- 1 sachet de levure chimique
- 80 g de sucre
- 70 g de sucre de canne complet
- 12,5 cl de lait
- 12,5 cl de crème fraîche liquide
- 1 œuf
- 100 g de beurre ramolli
- Sel

Pour la chantilly :

- 250 g de mascarpone
- 20 cl de crème fraîche liquide
- 150 g de chocolat en morceaux

1. Mixez grossièrement les noisettes sans les réduire en purée. Faites-les torréfier à la poêle pendant 5 min environ.

2. Versez la farine et la levure dans un saladier. Ajoutez-y le sucre, le sucre de canne, 50 g de noisettes torréfiées et une pincée de sel.

3. Mélangez bien ces ingrédients, puis creusez un puits au milieu. Versez-y le lait, la crème fraîche liquide, l'œuf et le beurre ramolli. Mélangez à nouveau.

4. Répartissez la préparation dans des petits moules en papier sulfurisé (ou en silicone), sans dépasser les trois quarts de la hauteur.

5. Enfournez pour 20 min à 180 °C (th. 6). La cuisson est achevée lorsque la lame d'un couteau, enfoncée au cœur du gâteau, ressort bien sèche.

6. À la fin de la cuisson, laissez refroidir les gâteaux sur une grille.

7. Préparez la chantilly : battez le mascarpone, puis incorporez-y la crème préalablement fouettée en chantilly

8. Faites fondre le chocolat et incorporez-le à la crème. Mélangez énergiquement, placez quelques instants au frais et mettez la préparation dans une poche à douille.

9. Garnissez chaque cupcake de chantilly chocolatée et parsemez-les des noisettes torréfiées restantes.

Cupcakes *coco-fraise*

Pour 10 cupcakes / Assez facile
Préparation : 25 min / Cuisson : 15 min

- 50 g de noix de coco fraîchement râpée
- 10 c. à c. de confiture de fraises
- 150 g de farine
- 1/2 sachet de levure chimique
- 80 g de sucre
- 1 œuf battu en omelette
- 15 cl de lait
- 50 g de beurre fondu

Pour la chantilly :

- 20 cl de crème fraîche liquide
- 4 c. à s. de confitures de fraises

1. Versez la farine dans un plat creux et mélangez-y la levure, le sucre et la noix de coco. Creusez un puits au milieu et ajoutez-y l'œuf battu en omelette, le lait et le beurre fondu.

2. Versez 1 cuillerée de la préparation dans des petits moules en papier sulfurisé (ou en silicone), ajoutez 1 cuillerée de confiture de fraises, puis recouvrez de pâte, sans dépasser les trois quarts de la hauteur.

3. Enfournez pour 15 min à 180 °C (th. 6). La cuisson est achevée lorsque la lame d'un couteau, enfoncée au cœur du gâteau, ressort bien sèche.

4. À la fin de la cuisson, laissez refroidir les gâteaux sur une grille.

5. Préparez la chantilly : montez la crème très froide en une chantilly bien ferme, puis incorporez-y la confiture. Battez le temps que la chantilly se mélange à la confiture.

6. À l'aide d'une poche à douille, déposez un peu de chantilly à la fraise bien froide sur chaque cupcake.

Cupcakes *coco-choco*

Pour 9 cupcakes / Assez facile
Préparation : 30 min / Cuisson : 15 min

- 15 cl de lait de coco
- 50 g de pépites de chocolat
- 150 g de farine
- 1/2 sachet de levure chimique
- 70 g de sucre
- 1 sachet de sucre vanillé
- 50 g de noix de coco fraîchement râpée
- 1 œuf entier battu
- 50 g de beurre fondu

Pour la chantilly :

- 20 cl de crème fraîche liquide
- 3 c. à s. de pâte de chocolat à tartiner

1. Versez la crème liquide dans un petit saladier et placez-le au congélateur, avec les fouets d'un batteur électrique.

2. Dans un autre récipient, versez la farine et la levure.

3. Ajoutez le sucre, le sucre vanillé, la noix de coco râpée et mélangez.

4. Incorporez ensuite l'œuf battu, le lait de coco et le beurre.

5. Mélangez une nouvelle fois, puis ajoutez les pépites de chocolat. Mélangez à nouveau.

6. Répartissez la préparation dans des petits moules en papier sulfurisé (ou en silicone), sans dépasser les trois quarts de la hauteur.

7. Enfournez pour 15 min à 180 °C (th. 6). La cuisson est achevée lorsque la lame d'un couteau, enfoncée au cœur du gâteau, ressort bien sèche.

8. À la fin de la cuisson, laissez refroidir les gâteaux sur une grille.

9. Préparez la chantilly : au batteur électrique, montez la crème froide en une chantilly très ferme et ajoutez la pâte de chocolat à tartiner.

10. Continuez à battre le temps que cette pâte s'incorpore bien à la chantilly.

11. Réservez au frais jusqu'à ce que les petits gâteaux soient bien froids.

12. Décorez chaque gâteau avec la chantilly chocolatée, à l'aide d'une poche à douille.

Cupcakes exotiques au thé vert *et à la fève tonka*

Pour 12 cupcakes / Facile
Préparation : 25 min / Cuisson : 20 min

- 4 c. à c. de thé matcha
- 1 fève tonka fraîchement râpée
- 1 yaourt de soja
- 12 cl de lait de soja
- 6 cl d'huile
- 160 g de farine
- 1 c. à c. de levure chimique
- 1/4 de c. à c. de bicarbonate de soude
- 150 g de sucre
- Sel

Pour le glaçage :

- 2 c. à s. de beurre ramolli
- 100 g de sucre glace
- 1/4 de c. à c. de thé matcha
- 1 à 2 c. à s. de lait de soja

1. Dans un bol, mélangez le yaourt, le lait et l'huile. Dans un autre récipient, mélangez la farine, la levure, le bicarbonate de soude, le sucre, le thé matcha, la fève tonka râpée et une pincée de sel.

2. Ajoutez ce mélange à la préparation précédente et mélangez bien le tout afin d'éviter la formation de grumeaux.

3. Répartissez la préparation dans des petits moules en papier sulfurisé (ou en silicone), sans dépasser les trois quarts de la hauteur.

4. Enfournez pour 20 min à 180 °C (th. 6). La cuisson est achevée lorsque la lame d'un couteau, enfoncée au cœur du gâteau, ressort bien sèche. À la fin de la cuisson, laissez refroidir les gâteaux sur une grille.

5. Préparez le glaçage : dans un bol, battez le beurre ramolli, le sucre glace et le thé matcha. Ajoutez peu à peu le lait jusqu'à l'obtention d'une consistance facile à étaler.

6. Recouvrez le dessus des cupcakes avec le glaçage.

Cupcakes moelleux au chocolat *et à la framboise*

Pour 12 cupcakes / Facile
Préparation : 20 min / Cuisson : 15 min

- 12 framboises fraîches
- 100 g de chocolat noir en morceaux
- 95 g de beurre
- 3 œufs
- 115 g de sucre
- 40 g de farine
- Cacao en poudre

1. Mettez le beurre dans une casserole à fond épais et faites-le fondre avec le chocolat. Mélangez pour bien lisser.

2. Mettez les œufs dans un saladier et ajoutez le sucre. Versez la farine, puis le mélange chocolaté.

3. Répartissez la préparation dans des petits moules en papier sulfurisé (ou en silicone), sans dépasser les trois quarts de la hauteur. Enfoncez une framboise dans chacun.

4. Enfournez pour 15 min à 180 °C (th. 6). La cuisson est achevée lorsque la lame d'un couteau, enfoncée au cœur du gâteau, ressort sèche.

5. À la fin de la cuisson, laissez refroidir les gâteaux sur une grille. Saupoudrez le dessus de chaque cupcake de cacao.

Cupcakes *vanille-chocolat*

Pour 12 cupcakes / Assez facile
Préparation : 25 min / Cuisson : 15 min

- 4 œufs
- 180 g de beurre demi-sel ramolli
- 120 g de sucre
- 200 g de farine à levure incorporée
- 2 c. à s. de lait

Pour le glaçage :

- 150 g de chocolat en morceaux
- 30 g de beurre ramolli
- 50 g de sucre glace
- 1 c. à s. de miel liquide
- 100 g de mascarpone

1. Cassez les œufs dans un bol et battez-les à la fourchette.

2. Dans un autre récipient, mélangez le beurre ramolli et le sucre jusqu'à l'obtention d'une consistance crémeuse.

3. Incorporez alors les œufs petit à petit, sans cesser de mélanger, puis ajoutez la farine et enfin le lait, toujours en mélangeant.

4. Répartissez la préparation dans des petits moules en papier sulfurisé (ou en silicone), sans dépasser les trois quarts de la hauteur.

5. Enfournez pour 15 min à 180 °C (th. 6). La cuisson est achevée lorsque la lame d'un couteau, enfoncée au cœur du gâteau, ressort bien sèche.

6. À la fin de la cuisson, laissez refroidir les gâteaux sur une grille.

7. Préparez le glaçage : mettez le chocolat dans un bol en verre et posez celui-ci sur une casserole d'eau frémissante.

8. Faites fondre le chocolat au bain-marie, jusqu'à ce que les trois quarts du chocolat soient fondus.

9. Hors du feu, mélangez bien jusqu'à ce que le chocolat soit lisse.

10. Mettez le beurre dans un bol, puis ajoutez le sucre glace et le miel liquide.

11. Mélangez ces ingrédients afin d'obtenir une préparation crémeuse. Ajoutez le chocolat fondu et mélangez une nouvelle fois.

12. Incorporez le mascarpone et mélangez à nouveau.

13. Réservez cette préparation au frais jusqu'à ce qu'elle présente la consistance d'une crème au beurre.

14. Recouvrez le dessus des cupcakes avec le glaçage.

Cupcakes *tout chocolat*

Pour 30 cupcakes / Facile
Préparation : 25 min / Cuisson : 20 min

- 70 g de chocolat noir en morceaux
- 70 g de cacao en poudre
- 120 g de beurre
- 110 g de farine
- 1/2 c. à c. de bicarbonate de soude
- 3/4 de c. à c. de levure chimique
- 2 œufs
- 100 g de sucre
- 1 c. à c. d'arôme vanille
- 12 cl de crème fraîche
- Sel

Pour le glaçage :

- 80 g de beurre ramolli
- 1/3 de c. à c. d'arôme vanille
- 120 g de sucre glace
- 1 c. à s. de crème fraîche épaisse
- Sel

1. Mettez le beurre, les morceaux de chocolat noir et le cacao dans une casserole et faites fondre le tout en fouettant bien.

2. Dans un bol, mélangez la farine, le bicarbonate de soude et la levure.

3. Dans un autre récipient, mélangez bien les œufs, le sucre, l'arôme vanille et une pincée de sel.

4. Fouettez bien ces ingrédients et ajoutez-y le mélange au chocolat, puis un tiers du mélange à la farine.

5. Fouettez à nouveau, incorporez la crème fraîche et, finalement, le reste du mélange à la farine. Mélangez.

6. Répartissez la préparation dans des petits moules en papier sulfurisé (ou en silicone), sans dépasser les trois quarts de la hauteur.

7. Enfournez pour 20 min à 180 °C (th. 6). La cuisson est achevée lorsque la lame d'un couteau, enfoncée au cœur du gâteau, ressort bien sèche.

8. À la fin de la cuisson, laissez refroidir les gâteaux sur une grille.

9. Préparez le glaçage : battez le beurre ramolli, l'arôme vanille, le sucre glace et une pincée de sel.

10. Ajoutez la crème fraîche et battez l'ensemble de plus en plus fort pendant 4 ou 5 min.

11. Recouvrez le dessus des cupcakes avec le glaçage.

Madeleines

Pour 4 personnes / Facile
Préparation : 20 min
Cuisson : 8 à 10 min

- 2 œufs
- 150 g de farine
- 150 g de sucre
- 100 g de beurre
- 5 g de levure chimique
- 1 c. à c. de vanille liquide
- 1 pincée de sel

1. Dans un saladier, travaillez au fouet les œufs, le sucre et le sel, pour obtenir un mélange mousseux. Faites fondre le beurre.

2. Ajoutez au mélange mousseux la farine en deux ou trois fois, puis le beurre fondu. Terminez par la levure et la vanille liquide.

3. Beurrez une plaque à madeleines, farinez et enlevez l'excédent.

4. Versez la pâte aux deux tiers des moules et enfournez à 200 °C (th. 6-7) pour 8 à 10 min.

5. Démoulez les madeleines dès la sortie du four et laissez refroidir sur une grille avant de déguster.

Madeleines *à la lavande*

Pour 8 personnes / Facile
Préparation : 15 min / Cuisson : 8 min

- 220 g de farine
- 170 g de sucre
- 100 g de beurre fondu
- 4 œufs
- 1 paquet de levure en poudre
- 1 c. à c. de zeste de citron râpé
- 1 c. à c. de fleurs de lavande
- 1 pincée de sel

1. Battez les œufs et le sucre. Ajoutez la farine et la levure tamisées, puis la pincée de sel, la lavande, le zeste de citron et le beurre fondu.

2. À l'aide d'un pinceau, beurrez les plaques à madeleines. Saupoudrez-les de farine et secouez-les pour en faire tomber l'excédent.

3. Remplissez chaque moule aux trois quarts et laissez reposer 20 min.

4. Enfournez à 210 °C (th. 7) et laissez cuire 8 min environ. Laissez-les refroidir sur une grille.

Madeleines à l'eau *de rose et abricots rôtis*

Pour 12 grosses madeleines / Facile
Préparation : 35 min / Cuisson : 15 min

- 6 pétales de rose non traitée
- 1 c. à s. d'eau de rose
- 6 gros abricots
- 2 œufs
- 85 g de sucre
- 110 g de farine
- 50 g de beurre fondu froid
- 40 g de beurre (pour les abricots)
- 5 g de levure chimique
- 4 c. à s. de cassonade
- 4 feuilles de basilic

1. Fouettez les œufs avec le sucre afin de les faire blanchir. Mélangez la farine avec la levure, puis incorporez-la aux œufs petit à petit, en mélangeant énergiquement.

2. Ajoutez le beurre fondu froid, l'eau de rose et mélangez bien. Recouvrez la pâte d'un film alimentaire et laissez-la au frais pendant 1 h.

3. Lavez les abricots, épongez-les et coupez-les en deux. Ôtez leur noyau. Émincez finement les feuilles de basilic ainsi que les pétales de rose.

4. Beurrez et farinez le moule à madeleines, puis garnissez les alvéoles aux trois quarts de pâte. Enfournez 4 min à 220 °C (th. 7-8), puis éteignez votre four et laissez la porte ouverte 2 min. Rallumez votre four à 160 °C (th. 5-6) et poursuivez la cuisson 4 min environ.

5. Démoulez les madeleines à chaud et laissez-les refroidir sur une grille.

6. Faites fondre 40 g de beurre dans une poêle. Ajoutez les demi-abricots et saupoudrez-les de cassonade. Faites-les colorer 1 min de chaque côté. Ajoutez le basilic, les pétales de rose et mélangez.

7. Découpez un chapeau sur les madeleines et creusez-les légèrement. Placez un demi-abricot sur chaque madeleine. Replacez le chapeau par-dessus (ou sur le côté) et arrosez avec le jus de cuisson des abricots.

Madeleines à la bergamote
et pêches en gelée

Pour 4 personnes / Facile
Préparation : 20 min / Cuisson : 20 min

- 4 pêches
- 50 cl d'eau
- 4 c. à s. de sirop de pêche
- 2 g de feuilles de gélatine
- 2 œufs
- 125 g de sucre
- 125 g de farine
- 125 g de beurre
- 1/2 sachet de levure chimique
- le zeste d'un citron
- 3 ou 4 gouttes d'essence de bergamote

1. Fouettez vivement le sucre et les œufs jusqu'à ce que le mélange blanchisse.

2. Ajoutez le zeste de citron, puis la farine, la levure, l'essence de bergamote et le beurre fondu, tout en remuant bien afin d'obtenir une pâte lisse et homogène, que vous laissez reposer 1 h.

3. Faites tremper les feuilles de gélatine dans de l'eau froide.

4. Épluchez et dénoyautez les pêches, puis faites-les cuire dans 50 cl d'eau avec le sirop pendant 15 min.

5. Ajoutez les feuilles de gélatine égouttées et répartissez les pêches dans 4 coupes.

6. Laissez prendre les pêches dans la gélatine pendant 2 h au réfrigérateur.

7. Beurrez et farinez le moule à madeleines, puis garnissez les alvéoles aux trois quarts de pâte.

8. Faites cuire au four à 230 °C (th. 8) pendant 6 min. Servez les pêches en gelée avec les madeleines à part.

Madeleines *au chocolat*

Pour 4 personnes / Facile
Préparation : 20 min / Cuisson : 6 min

- 120 g de chocolat
- 120 g de beurre
- 120 g de farine
- 150 g de sucre
- 4 œufs

1. Faites fondre au bain-marie le beurre et le chocolat.

2. Fouettez les œufs avec le sucre jusqu'à ce que le mélange blanchisse, puis ajoutez la farine.

3. Mélangez le chocolat fondu à la pâte. Montez les blancs en neige très ferme et incorporez-les à la pâte.

4. Beurrez et farinez le moule à madeleines, puis garnissez les alvéoles aux trois quarts de pâte.

5. Cuisez dans un four très chaud (230 °C, th. 8) pendant 6 min.

Madeleines au chocolat *et bananes flambées*

Pour 12 grosses madeleines
Assez facile
Préparation : 30 min / Cuisson : 12 min

- 20 g de cacao
- 4 bananes
- 2 œufs
- 85 g de sucre
- 110 g de farine
- 50 g de beurre fondu froid
- 40 g de beurre (pour les bananes)
- 5 g de levure chimique
- Le zeste râpé d'un demi-citron vert
- 4 c. à s. de cassonade
- 4 cl de rhum

1. Fouettez les œufs avec le sucre afin de les faire blanchir. Mélangez la farine avec la levure, puis incorporez-la aux œufs petit à petit, en mélangeant énergiquement.

2. Ajoutez le beurre fondu froid, le cacao et mélangez bien. Recouvrez la pâte d'un film alimentaire et laissez-la au frais pendant 1 h.

3. Beurrez et farinez le moule à madeleines, puis garnissez les alvéoles aux trois quarts de pâte. Enfournez 4 min à 220 °C (th. 7-8), puis éteignez votre four et laissez la porte ouverte 2 min. Rallumez votre four à 160 °C (th. 5-6) et poursuivez la cuisson 4 min environ.

4. Démoulez les madeleines à chaud et laissez-les refroidir sur une grille.

5. Épluchez les bananes et coupez-les en trois morceaux. Faites fondre 40 g de beurre dans une poêle et ajoutez-y les morceaux de bananes. Saupoudrez-les de cassonade et faites-les rôtir 1 min de chaque côté. Enfin, flambez-les avec le rhum et saupoudrez-les de zeste de citron.

6. Découpez un chapeau sur les madeleines et creusez-les légèrement. Placez un morceau de banane sur chaque madeleine. Replacez le chapeau par-dessus (ou sur le côté) et arrosez de jus de cuisson des bananes.

Madeleines aux fraises *au vinaigre balsamique et basilic*

Pour 12 grosses madeleines / Facile
Préparation : 40 min / Cuisson : 12 min

- 12 belles fraises
- 10 feuilles de basilic émincées
- 2 c. à s. de vinaigre balsamique
- 2 œufs
- 85 g de sucre
- 110 g de farine
- 50 g de beurre fondu froid
- 5 g de levure chimique
- 1 filet d'huile d'olive
- 15 g de sucre glace

1. Fouettez les œufs avec le sucre afin de les faire blanchir. Mélangez la farine avec la levure, puis incorporez-la aux œufs petit à petit, en mélangeant énergiquement. Ajoutez le beurre fondu froid, le basilic émincé et mélangez bien. Recouvrez la pâte d'un film alimentaire et laissez-la au frais pendant 1 h.

2. Lavez les fraises, épongez-les délicatement et équeutez-les.

3. Beurrez et farinez le moule à madeleines, puis garnissez les alvéoles aux trois quarts de pâte. Enfournez 4 min à 220 °C (th. 7-8), puis éteignez votre four et laissez la porte ouverte 2 min. Rallumez votre four à 160 °C (th. 5-6) et poursuivez la cuisson 4 min environ.

4. Démoulez les madeleines à chaud et laissez refroidir sur une grille.

5. Faites chauffer une poêle anti-adhésive à feu fort avec un filet d'huile d'olive et faites sauter les fraises pendant 30 secondes. Saupoudrez-les de sucre glace et ajoutez le vinaigre balsamique. Laissez cuire 30 secondes.

6. Découpez un chapeau sur les madeleines et creusez-les légèrement. Placez une fraise sur chaque madeleine. Replacez le chapeau par-dessus (ou sur le côté) et arrosez du jus de cuisson des fraises.

Madeleines aux amandes *et mini-poires façon Belle-Hélène*

Pour 12 grosses madeleines
Assez facile
Préparation : 40 min / Cuisson : 15 min

- 12 mini-poires au sirop
- 40 g de poudre d'amandes
- 4 c. à s. d'amandes effilées
- 120 g de chocolat noir
- 2 œufs
- 85 g de sucre + 10 g (pour la sauce)
- 90 g de farine
- 50 g de beurre fondu froid
- 15 g de beurre (pour la sauce)
- 5 g de levure chimique
- 12 cl de lait
- 5 cl de crème

1. Fouettez les œufs avec le sucre afin de les faire blanchir.

2. Mélangez la farine avec la levure et la poudre d'amandes, puis incorporez-la aux œufs petit à petit, en mélangeant énergiquement.

3. Ajoutez le beurre fondu froid et mélangez bien. Recouvrez la pâte d'un film alimentaire et laissez-la au frais pendant 1 h.

4. Concassez le chocolat noir. Faites bouillir le lait avec la crème. Ajoutez le chocolat, les 15 g de beurre et les 10 g de sucre.

4. Portez à ébullition et laissez frémir 5 min en mélangeant.

5. Laissez refroidir ou conservez au bain-marie (pour la servir chaude ou froide).

6. Faites légèrement griller les amandes effilées dans une poêle, sans matière grasse.

7. Beurrez et farinez le moule à madeleines, puis garnissez les alvéoles aux trois quarts de pâte.

8. Enfournez 4 min à 220 °C (th. 7-8), puis éteignez votre four et laissez la porte ouverte 2 min. Rallumez votre four à 160 °C (th. 5-6) et poursuivez la cuisson 4 min environ.

9. Démoulez les madeleines à chaud et laissez refroidir sur une grille.

10. Découpez un chapeau sur les madeleines et creusez-les légèrement. Placez une mini-poire sur chaque madeleine.

11. Replacez le chapeau par-dessus (ou sur le côté) et arrosez de sauce au chocolat.

12. Saupoudrez-les d'amandes effilées et dégustez.

Madeleines aux poires pochées *au vin rouge et épices à spéculoos*

Pour 12 grosses madeleines
Assez facile
Préparation : 35 min / Cuisson : 40 min

- 12 mini-poires
- 1 litre de vin rouge
- 400 g de sucre (pour les poires)
- 1 c. à s. d'épices à spéculoos
- 2 œufs
- 85 g de sucre
- 110 g de farine
- 50 g de beurre fondu froid
- 5 g de levure chimique
- 1 bâton de cannelle
- 1 gousse de vanille fendue en deux
- 3 graines de cardamome

1. Faites bouillir le vin rouge avec 400 g de sucre, la gousse de vanille, la cannelle et la cardamome.

2. Pendant ce temps, épluchez les mini-poires en conservant la queue.

3. Plongez-les dans le vin bouillant. Laissez cuire à frémissement jusqu'à ce que les poires s'attendrissent. Égouttez-les et laissez-les refroidir.

4. Faites réduire le vin de cuisson de trois quarts pour obtenir un liquide sirupeux.

5. Fouettez les œufs avec le sucre afin de les faire blanchir.

6. Mélangez la farine avec la levure, puis incorporez-la aux œufs petit à petit, en mélangeant énergiquement.

7. Ajoutez le beurre fondu froid, les épices à spéculoos et mélangez bien.

8. Recouvrez la pâte d'un film alimentaire et laissez-la au frais pendant 1 h.

9. Beurrez et farinez le moule à madeleines, puis garnissez les alvéoles aux trois quarts de pâte.

10. Enfournez 4 min à 220 °C (th. 7-8), puis éteignez votre four et laissez la porte ouverte 2 min. Rallumez votre four à 160 °C (th. 5-6) et poursuivez la cuisson 4 min environ.

11. Démoulez les madeleines à chaud et laissez refroidir sur une grille.

12. Découpez un chapeau sur les madeleines et creusez-les légèrement. Placez une mini-poire sur chaque madeleine.

13. Replacez le chapeau par-dessus (ou sur le côté) et arrosez-les avec le vin de cuisson réduit.

Mini-madeleines *à la noix de coco et cœur chocolat*

Pour 25 mini-madeleines / Facile
Préparation : 20 min / Cuisson : 8 min

- 3 c. à s. de noix de coco râpée
- 25 petits morceaux de chocolat noir
- 2 œufs
- 85 g de sucre
- 100 g de farine
- 50 g de beurre fondu froid
- 5 g de levure chimique

1. Fouettez les œufs avec le sucre afin de les faire blanchir. Mélangez la farine avec la levure et la noix de coco, puis incorporez-la aux œufs petit à petit, en mélangeant énergiquement. Ajoutez le beurre fondu froid et mélangez bien.

2. Recouvrez la pâte d'un film alimentaire et laissez-la au frais pendant 1 h.

3. Beurrez le moule à madeleines et garnissez à moitié de pâte les alvéoles. Ajoutez sur chaque madeleine un petit morceau de chocolat noir et recouvrez de pâte.

4. Enfournez 4 min à 220 °C (th. 7-8), puis éteignez votre four et laissez la porte ouverte 2 min. Rallumez votre four à 160 °C (th. 5-6) et poursuivez la cuisson 2 min environ.

5. Démoulez les madeleines à chaud et laissez refroidir sur une grille.

Mini-madeleines au café
et noisettes grillées

Pour 25 mini-madeleines / Facile
Préparation : 20 min / Cuisson : 8 min

- 1 c. à c. d'arôme café
- 2 c. à s. de noisettes hachées
- 2 œufs
- 85 g de sucre
- 110 g de farine
- 50 g de beurre fondu froid
- 5 g de levure chimique

1. Faites légèrement griller les noisettes dans une poêle, sans matière grasse.

2. Fouettez les œufs avec le sucre afin de les faire blanchir. Mélangez la farine avec la levure, puis incorporez-la aux œufs petit à petit, en mélangeant énergiquement.

3. Ajoutez le beurre fondu froid et mélangez bien. Incorporez les noisettes grillées et l'arôme café. Recouvrez la pâte d'un film alimentaire et laissez-la au frais pendant 1 h.

4. Beurrez le moule à madeleines et garnissez les alvéoles aux trois quarts de pâte.

5. Enfournez 4 min à 220 °C (th. 7-8), puis éteignez votre four et laissez la porte ouverte 2 min. Rallumez votre four à 160 °C (th. 5-6) et poursuivez la cuisson 2 min environ.

6. Démoulez les madeleines à chaud et laissez refroidir sur une grille.

Mini-madeleines au sirop d'érable
et noix de pécan

Pour 25 mini-madeleines / Facile
Préparation : 20 min / Cuisson : 8 min

- 2 c. à s. de sirop d'érable
- 6 cerneaux de noix de pécan
- 2 œufs
- 40 g de sucre
- 110 g de farine
- 50 g de beurre fondu froid
- 5 g de levure chimique

1. Faites légèrement griller les noix de pécan dans une poêle, sans matière grasse. Concassez-les.

2. Fouettez les œufs avec le sucre afin de les faire blanchir. Mélangez la farine avec la levure, puis incorporez-la aux œufs petit à petit, en mélangeant énergiquement.

3. Ajoutez le beurre fondu froid et mélangez bien. Incorporez les noix de pécan concassées ainsi que le sirop d'érable. Recouvrez la pâte d'un film alimentaire et laissez-la au frais pendant 1 h.

4. Beurrez le moule à madeleines et garnissez les alvéoles aux trois quarts de pâte.

5. Enfournez 4 min à 220 °C (th. 7-8), puis éteignez votre four et laissez la porte ouverte 2 min. Rallumez votre four à 160 °C (th. 5-6) et poursuivez la cuisson 2 min environ.

6. Démoulez les madeleines à chaud et laissez refroidir sur une grille.

Mini-madeleines au zeste de citron *et miel d'acacia*

Pour 25 mini-madeleines / Facile
Préparation : 20 min / Cuisson : 8 min

- 40 g de miel d'acacia
- Le zeste râpé d'un demi-citron
- 2 œufs
- 110 g de farine
- 50 g de beurre fondu froid
- 5 g de levure chimique

1. Fouettez les œufs avec le miel afin de les faire blanchir. Mélangez la farine avec la levure, puis incorporez-la aux œufs petit à petit, en mélangeant énergiquement.

2. Ajoutez le beurre fondu froid, le zeste du citron et mélangez bien. Recouvrez la pâte d'un film alimentaire et laissez-la au frais pendant 1 h.

3. Beurrez le moule à madeleines et garnissez les alvéoles aux trois quarts de pâte.

4. Enfournez 4 min à 220 °C (th. 7-8), puis éteignez votre four et laissez la porte ouverte 2 min. Rallumez votre four à 160 °C (th. 5-6) et poursuivez la cuisson 2 min environ.

5. Démoulez les madeleines à chaud et laissez refroidir sur une grille.

Mini-madeleines aux Carambars *et beurre demi-sel*

Pour 25 mini-madeleines / Facile
Préparation : 20 min / Cuisson : 8 min

- 5 Carambars au caramel
- 2 œufs
- 85 g de sucre
- 110 g de farine
- 50 g de beurre demi-sel fondu froid
- 5 g de levure chimique

1. Fouettez les œufs avec le sucre afin de les faire blanchir. Mélangez la farine avec la levure, puis incorporez-la aux œufs petit à petit, en mélangeant énergiquement.

2. Ajoutez le beurre demi-sel fondu froid et mélangez bien. Recouvrez la pâte d'un film alimentaire et laissez-la au frais pendant 1 h.

3. Beurrez le moule à madeleines et garnissez les alvéoles aux trois quarts de pâte. Coupez les Carambars en petits morceaux et placez-en un sur chaque madeleine.

4. Enfournez 4 min à 220 °C (th. 7-8), puis éteignez votre four et laissez la porte ouverte 2 min. Rallumez votre four à 160 °C (th. 5-6) et poursuivez la cuisson 2 min environ.

5. Démoulez les madeleines à chaud et laissez refroidir sur une grille.

Mini-madeleines aux éclats *de nougatine et dattes*

Pour 25 mini-madeleines / Facile
Préparation : 25 min / Cuisson : 8 min

- 2 c. à s. de pépites de nougatine
- 4 dattes
- 2 œufs
- 60 g de sucre
- 110 g de farine
- 50 g de beurre fondu froid
- 5 g de levure chimique

1. Dénoyautez les dattes et coupez-les en petits morceaux.

2. Fouettez les œufs avec le sucre afin de les faire blanchir. Mélangez la farine avec la levure, puis incorporez-la aux œufs petit à petit, en mélangeant énergiquement.

3. Ajoutez le beurre fondu froid et mélangez bien. Incorporez les morceaux de dattes et les pépites de nougatine. Recouvrez la pâte d'un film alimentaire et laissez-la au frais pendant 1 h.

4. Beurrez le moule à madeleines et garnissez les alvéoles aux trois quarts de pâte.

5. Enfournez 4 min à 220 °C (th. 7-8), puis éteignez votre four et laissez la porte ouverte 2 min. Rallumez votre four à 160 °C (th. 5-6) et poursuivez la cuisson 2 min environ.

6. Démoulez les madeleines à chaud et laissez refroidir sur une grille.

Mini-madeleines aux oranges confites *et pépites de chocolat*

Pour 25 mini-madeleines / Facile
Préparation : 25 min / Cuisson : 8 min

- 30 g d'oranges confites
- 2 c. à s. de pépites de chocolat
- 2 œufs
- 85 g de sucre
- 110 g de farine
- 50 g de beurre fondu froid
- 5 g de levure chimique

1. Coupez les oranges confites en petits dés.

2. Fouettez les œufs avec le sucre afin de les faire blanchir.

3. Mélangez la farine avec la levure, puis incorporez-la aux œufs petit à petit, en mélangeant énergiquement.

4. Ajoutez le beurre fondu froid et mélangez bien.

5. Incorporez les pépites de chocolat ainsi que les oranges confites.

6. Recouvrez la pâte d'un film alimentaire et laissez-la au frais pendant 1 h.

7. Beurrez le moule à madeleines et garnissez les alvéoles aux trois quarts de pâte.

8. Enfournez 4 min à 220 °C (th. 7-8), puis éteignez votre four et laissez la porte ouverte 2 min. Rallumez votre four à 160 °C (th. 5-6) et poursuivez la cuisson 2 min environ.

9. Démoulez les madeleines à chaud et laissez refroidir sur une grille.

Mini-madeleines au zeste de citron *et au chocolat*

Pour 20 madeleines / Facile
Préparation : 25 min / Cuisson : 15 min

- 110 g de farine
- 85 g de sucre
- 50 g de beurre
- 1/2 paquet de levure en poudre
- 2 œufs
- 1 citron
- 1 pincée de sel
- 20 g de cacao

1. Faites fondre le beurre et laissez-le tiédir.

2. Fouettez les œufs avec le sucre, puis incorporez la farine, le sel et la levure. Mélangez bien, puis ajoutez le beurre.

3. Partagez l'appareil en deux et ajoutez le cacao à l'une des parts.

4. Râpez le zeste de citron et ajoutez-le à l'autre partie de la pâte.

5. Garnissez les moules à madeleines et enfournez pour 4 min dans un four chaud à 200 °C (th. 6-7), puis pour 8 min à 160 °C (th. 5-6).

6. Démoulez les madeleines à chaud et laissez refroidir sur une grille.

Mini-madeleines *aux pistaches vertes*

Pour 25 mini-madeleines / Facile
Préparation : 20 min / Cuisson : 10 min

- 30 g de pistaches en poudre
- 2 œufs
- 85 g de sucre
- 110 g de farine
- 50 g de beurre fondu froid
- 5 g de levure chimique

1. Fouettez les œufs avec le sucre afin de les faire blanchir.

2. Mélangez la farine avec la levure, puis incorporez-la aux œufs petit à petit, en mélangeant énergiquement.

3. Ajoutez le beurre fondu froid et mélangez bien. Incorporez la poudre de pistaches. Recouvrez la pâte d'un film alimentaire et laissez-la au frais pendant 1 h.

4. Beurrez le moule à madeleines et garnissez les alvéoles aux trois quarts de pâte.

5. Enfournez 4 min à 220 °C (th. 7-8), puis éteignez votre four et laissez la porte ouverte 2 min. Rallumez votre four à 160 °C (th. 5-6) et poursuivez la cuisson 2 min environ.

6. Démoulez les madeleines à chaud et laissez refroidir sur une grille.

Mini-madeleines aux poires et amandes

Pour 25 mini-madeleines / Facile
Préparation : 25 min / Cuisson : 10 min

- 1 poire
- 2 c. à s. de poudre d'amandes
- 2 œufs
- 85 g de sucre
- 100 g de farine
- 50 g de beurre fondu froid
- 20 g de beurre (pour les dés de poires)
- 5 g de levure chimique
- 2 c. à s. de cassonade

1. Épluchez la poire, évidez-la et coupez-la en petits dés.

2. Faites fondre 20 g de beurre dans une poêle, ajoutez les dés de poire, la cassonade et faites sauter le tout vivement pendant 2 min. Laissez refroidir.

3. Fouettez les œufs avec le sucre afin de les faire blanchir.

4. Mélangez la farine avec la levure et la poudre d'amandes, puis incorporez-la aux œufs petit à petit, en mélangeant énergiquement.

5. Ajoutez le beurre fondu froid et mélangez bien. Incorporez les dés de poire.

6. Recouvrez la pâte d'un film alimentaire et laissez-la au frais pendant 1 h.

7. Beurrez le moule à madeleines et garnissez les alvéoles aux trois quarts de pâte.

8. Enfournez 4 min à 220 °C (th. 7-8), puis éteignez votre four et laissez la porte ouverte 2 min. Rallumez votre four à 160 °C (th. 5-6) et poursuivez la cuisson 2 min environ.

9. Démoulez les madeleines à chaud et laissez refroidir sur une grille.

Mini-madeleines aux pommes *caramélisées et cannelle*

Pour 25 mini-madeleines / Facile
Préparation : 25 min / Cuisson : 8 min

- 1 pomme golden
- 2 œufs
- 85 g de sucre
- 110 g de farine
- 50 g de beurre fondu froid
- 20 g de beurre (pour les dés de pommes)
- 5 g de levure chimique
- 2 pincées de cannelle en poudre
- 2 c. à s. de cassonade

1. Épluchez la pomme, évidez-la et coupez-la en petits dés. Saupoudrez-les de cannelle.

2. Faites fondre 20 g de beurre dans une poêle, versez les dés de pomme, la cassonade et faites sauter le tout vivement pendant 2 min. Laissez refroidir.

3. Fouettez les œufs avec le sucre afin de les faire blanchir.

4. Mélangez la farine avec la levure, puis incorporez-la aux œufs petit à petit, en mélangeant énergiquement.

5. Ajoutez le beurre fondu froid et mélangez bien. Incorporez les dés de pomme.

6. Recouvrez la pâte d'un film alimentaire et laissez-la au frais pendant 1 h.

7. Beurrez le moule à madeleines et garnissez les alvéoles aux trois quarts de pâte.

8. Enfournez 4 min à 220 °C (th. 7-8), puis éteignez votre four et laissez la porte ouverte 2 min. Rallumez votre four à 160 °C (th. 5-6) et poursuivez la cuisson 2 min environ.

9. Démoulez les madeleines à chaud et laissez refroidir sur une grille.

Moelleux *à la framboise*

Pour 6 personnes / Facile
Préparation : 20 min / Cuisson : 15 min

- 75 g de framboises surgelées
- 200 g de farine
- 2 c. à c. de levure
- 1 pincée de sel
- 50 g de sucre roux
- 50 g de beurre
- 20 cl de lait
- 1 œuf entier
- 3 c. à s. de miel

1. Beurrez 12 petits moules et chemisez-les avec 12 petites caissettes en papier plissé. Sortez les framboises du congélateur.

2. Dans un bol, mélangez intimement la farine, la levure et le sel. Incorporez ensuite le sucre. D'autre part, faites fondre le beurre.

3. Dans un autre bol, battez le lait et l'œuf entier. Ajoutez le beurre fondu à cette préparation, puis versez peu à peu le mélange ainsi obtenu dans la farine, sans cesser de tourner, jusqu'à obtention d'une pâte bien lisse. Incorporez enfin les framboises et le miel.

4. Remplissez les petites caissettes de papier avec cette pâte, sans dépasser les trois quarts.

5. Enfournez pour environ 15 min à 200 °C (th. 6-7) et vérifiez la cuisson toutes les 5 min en enfonçant la lame d'un couteau dans un moelleux.

6. Dès qu'elle ressort propre et sèche, les moelleux sont cuits. À ce moment, sortez-les du four, démoulez-les et laissez-les tiédir.

Moelleux à la ricotta

Pour 4 parts / Facile
Préparation : 10 min / Cuisson : 40 min

- 50 g de raisins secs
- 350 g de ricotta
- 3 œufs
- 100 g de sucre
- 3 c. à s. de jus de citron
- 3 c. à s. de marsala
- Le zeste d'un citron râpé

1. Mélangez l'œuf et le sucre, la ricotta, le jus et le zeste de citron, les raisins secs et le marsala afin d'obtenir une pâte lisse et homogène.

2. Versez la préparation dans un moule préalablement beurré. Faites cuire dans un four chaud à 180 °C (th. 6) pendant 40 min.

3. Servez ce moelleux à la ricotta froid.

Moelleux au chocolat blanc

Pour 4 personnes / Facile
Préparation : 15 min / Cuisson : 30 min

- 200 g de chocolat blanc
- 80 g d'abricots secs hachés
- 120 g de beurre
- 200 g de farine
- 1 c. à c. de levure chimique
- 100 g de sucre
- 4 œufs

1. Mélangez les œufs, le sucre, la farine, la levure, les abricots hachés jusqu'à l'obtention d'une pâte lisse et homogène.

2. Coupez le chocolat et le beurre en petits morceaux. Faites les fondre au bain-marie. Mélangez le chocolat fondu à la pâte. Versez-la dans un moule préalablement beurré.

3. Faites cuire 30 min dans un four chaud à 180 °C (th. 6). Servez froid.

Moelleux au chocolat *et aux amandes*

Pour 4-5 personnes / Facile
Préparation : 20 min / Cuisson : 30 min

- 200 g de chocolat noir
- 50 g de beurre
- 4 œufs
- 100 g de farine
- 100 g de poudre d'amandes
- 100 g de sucre

1. Séparez les blancs des jaunes d'œufs. Mélangez les jaunes, le sucre, la farine, la poudre d'amandes jusqu'à l'obtention d'une pâte lisse et homogène.

2. Coupez le chocolat et le beurre en petits morceaux. Faites-les fondre au bain-marie.

3. Ajoutez le chocolat fondu à la pâte, mélangez bien. Montez les blancs en neige et incorporez-les délicatement à la pâte.

4. Versez la préparation dans un moule préalablement beurré et faites cuire dans un four chaud à 180 °C (th. 6) pendant 30 min. Servez ce moelleux au chocolat noir tiède.

Moelleux *au caramel mou*

Pour 6 personnes / Facile
Préparation : 15 min / Cuisson : 20 min

- 90 g de sucre
- 30 g de sucre vanillé
- 4 œufs
- 50 g de cacao en poudre non sucré
- 120 g de beurre fondu
- 40 g de fécule de maïs
- 6 caramels mous

1. Versez le sucre et le sucre vanillé dans un grand plat creux. Cassez les œufs en séparant les blancs des jaunes.

2. Ajoutez les jaunes d'œufs aux deux sucres et mélangez intimement. Incorporez ensuite le cacao en poudre et le beurre fondu, puis ajoutez la fécule de maïs.

3. Montez les blancs d'œufs en une neige bien ferme et incorporez-la délicatement à la préparation.

4. Versez la moitié de la préparation obtenue dans 6 ramequins individuels et ajoutez un caramel mou dans chaque récipient. Recouvrez avec le reste de la préparation au cacao.

5. Enfournez pour 20 min environ à 180 °C (th. 6). Vérifiez la cuisson : les moelleux sont cuits lorsque la pointe d'un couteau en ressort propre et sèche. Laissez tiédir avant de déguster.

Moelleux *aux fruits frais*

Pour 6 personnes / Facile
Préparation : 15 min / Cuisson : 20 min

- 3 œufs
- 125 g de sucre + sucre pour la décoration finale
- 125 g de farine
- 125 g de beurre fondu
- 1/2 sachet de levure chimique
- 300 g de fruits frais, au choix

1. Dans un grand plat creux, mélangez intimement les œufs et le sucre, puis ajoutez la farine, le beurre fondu et la levure.

2. En fonction des fruits frais choisis, épluchez-les, dénoyautez-les et coupez leur chair en morceaux.

3. Versez la pâte dans un moule préalablement beurré sans excès, puis couvrez avec les morceaux de fruits frais.

4. Enfournez pour 20 min environ à 180 °C (th. 6). À la fin de la cuisson, démoulez le moelleux et saupoudrez-le de sucre avant de déguster.

Moelleux au chocolat *noir et noix de macadamia*

Pour 4 personnes / Facile
Préparation : 20 min / Cuisson : 35 min

- 125 g de farine
- 125 g de beurre
- 250 g de sucre
- 200 g de chocolat noir
- 150 g de noix de macadamia
- 1/2 sachet de levure
- 4 œufs

1. Faites fondre le chocolat au bain-marie. Ajoutez le beurre, la farine, les noix de macadamia et la levure.

2. Fouettez les jaunes d'œufs et le sucre jusqu'à ce que le mélange blanchisse. Ajoutez à la préparation chocolatée.

3. Montez les blancs en neige et incorporez-les à votre préparation.

4. Versez dans un moule préalablement beurré et faites cuire 35 min dans un four chaud à 180 °C (th. 6). Servez tiède.

Moelleux aux fruits frais ▷

Moelleux aux amandes

Pour 20 moelleux / Facile
Préparation : 15 min / Cuisson : 20 min

- 200 g de poudre d'amandes
- 75 g de cassonade brune
- 50 g de farine
- 10 cl de crème fraîche liquide
- 1 c. à c. d'extrait d'amandes amères
- 1 œuf entier
- 1 pincée de sel

1. Versez la poudre d'amandes dans un plat creux, mélangez-y la cassonade et la farine.

2. Ajoutez la crème liquide et l'extrait d'amandes amères, puis pétrissez le tout jusqu'à obtention d'une pâte relativement épaisse.

3. Cassez l'œuf en séparant le blanc du jaune. Ajoutez le jaune à la préparation aux amandes. Montez le blanc en une neige bien ferme, avec la pincée de sel. Incorporez-la délicatement à la pâte.

4. Recouvrez une plaque à four de papier sulfurisé préalablement beurré sans excès. Disposez-y, en les écartant bien, des petits tas de pâte à l'aide d'une poche à douille.

5. Enfournez pour environ 20 min à 150 °C (th. 5). Vérifiez la cuisson : les moelleux sont cuits lorsque la pointe d'un couteau en ressort propre et sèche. Laissez tiédir avant de déguster.

Moelleux classique *au chocolat*

Pour 6 personnes / Facile
Préparation : 10 min / Cuisson : 35 min

- 200 g de chocolat noir
- 125 g de beurre
- 125 g de farine
- 6 g de levure (soit 1/2 sachet)
- 4 œufs
- 250 g de sucre
- Sucre glace, pour la décoration finale

1. Cassez le chocolat grossièrement en morceaux, puis faites-le fondre dans une casserole, avec un petit peu d'eau. Hors du feu, incorporez-y le beurre, la farine et la levure. Mélangez.

2. Cassez les œufs en séparant les blancs des jaunes. Préparez une mousse en mélangeant les jaunes d'œufs, le sucre et un peu d'eau. Ajoutez ensuite cette mousse à la préparation précédente.

3. Battez les blancs d'œufs en une neige ferme, puis incorporez-la délicatement à la préparation chocolatée.

4. Versez la préparation ainsi obtenue dans un moule à hauts bords, préalablement beurré sans excès. Enfournez à 180 °C (th. 6) pour 35 min environ.

5. À la fin de la cuisson, sortez le moelleux du four et démoulez-le. Saupoudrez le dessus de sucre glace. Laissez tiédir avant de déguster.

Fondant à l'ananas *et au chocolat*

Pour 6 personnes / Facile
Préparation : 15 min / Cuisson : 35 min

- 100 g de sucre
- 1 sachet de sucre vanillé
- 2 œufs
- 100 g de beurre fondu
- 100 g de chocolat noir
- 100 g de farine
- 340 g d'ananas au sirop égoutté

1. Dans un grand plat creux, mélangez intimement le sucre, le sucre vanillé, les œufs et le beurre fondu jusqu'à obtention d'une belle pâte.

2. Cassez grossièrement le chocolat en morceaux et faites-le fondre dans une casserole au bain-marie.

3. Ajoutez la farine, en la tamisant, à la pâte précédente, puis incorporez le chocolat. Mélangez une nouvelle fois jusqu'à ce que la préparation soit bien homogène.

4. Coupez l'ananas en petits morceaux, incorporez-le à la pâte et mélangez de manière à bien répartir les morceaux de fruits.

5. Versez la préparation dans un plat pouvant aller au four et enfournez pour 25 min environ à 180 °C (th. 6). Sortez la préparation du four dès la fin de la cuisson.

Moelleux choco *à l'exotique*

Pour 4 personnes / Facile
Préparation : 20 min / Cuisson : 10 min

- 2 bananes
- 4 œufs
- 1 sachet de sucre vanillé
- 100 g de sucre + sucre pour les bananes
- 100 g de farine
- 4 g de levure (soit 1/3 de sachet)
- 150 g de chocolat noir
- 100 g de beurre demi-sel
- 50 g de noix de coco en poudre
- 1 c. à s. de rhum

1. Épluchez les bananes, débitez-les en rondelles et sucrez-les. Mettez un petit morceau de beurre dans une poêle et faites-le fondre. Déposez-y les rondelles de bananes et faites-les revenir sur toutes les faces pendant 5 min.

2. Cassez les œufs au-dessus d'un plat creux et fouettez-les avec le sucre vanillé et le sucre, jusqu'à ce que le mélange blanchisse. Incorporez la farine et la levure.

3. Faites fondre le chocolat préalablement coupé en morceaux au bain-marie avec le beurre. Incorporez ce mélange à la préparation précédente.

4. Ajoutez ensuite les bananes caramélisées, la noix de coco en poudre et le rhum. Mélangez bien tous les ingrédients.

5. Répartissez la préparation ainsi obtenue dans 4 ramequins allant au four. Enfournez pour 10 min environ à 180 °C (th. 6).

6. Surveillez attentivement la cuisson : le cœur des moelleux doit rester fondant. Sortez les moelleux dès la fin de leur cuisson et servez-les tièdes.

Fondant au chocolat *à la crème de marrons*

Pour 4 personnes / Facile
Préparation : 15 min / Cuisson : 10 min

- 200 g de chocolat
- 125 g de beurre
- 150 g de crème de marrons
- 6 œufs

1. Cassez le chocolat en petits morceaux et mettez-le à fondre au bain-marie.

2. Ajoutez la crème de marrons au chocolat.

3. Séparez les blancs d'œufs des jaunes et ajoutez les jaunes au chocolat fondu.

4. Montez les blancs en neige ferme et incorporez-les délicatement à la préparation chocolatée.

5. Versez dans un moule beurré et cuisez dans un four à 180 °C (th. 6) pendant 10 min. Dégustez froid.

Fondant à la saveur *d'orange*

Pour 8 personnes / Facile
Préparation : 20 min / Cuisson : 30 min

- 3 oranges non traitées
- 125 g de beurre
- 115 g de sucre
- 2 œufs
- 115 g de farine
- 1 c. à c. de levure
- 150 g de sucre glace

1. Zestez l'une des oranges et râpez ce zeste. Pressez les 3 fruits et réservez le jus obtenu.

2. Mettez le beurre dans un grand plat creux et travaillez-le à la spatule jusqu'à ce qu'il soit crémeux. Incorporez-y alors le sucre, puis ajoutez les œufs, sans cesser de remuer à la spatule.

3. Ajoutez la farine, la moitié du jus d'orange, le zeste râpé et la levure. Mélangez bien tous les ingrédients.

4. Versez la préparation dans un moule à manqué beurré et enfournez pour 30 min à 210 °C (th. 7).

5. Préparez le glaçage du fondant en mélangeant le sucre glace et le reste de jus d'orange.

6. À la fin de sa cuisson, sortez le fondant du four et démoulez-le. Arrosez-le aussitôt avec la moitié du glaçage. Laissez refroidir, puis terminez le nappage avec le reste de glaçage.

Fondant au goût *de pamplemousse rose*

Pour 4 personnes / Facile
Préparation : 15 min / Cuisson : 30 min

- 100 g de sucre + 1 c. à c. pour la décoration finale
- 2 œufs
- 100 g de farine
- 1/2 sachet de levure chimique
- 20 cl de jus de pamplemousse rose
- 100 g de beurre fondu

1. Dans un grand plat creux, mélangez intimement le sucre et les œufs. Ajoutez ensuite la farine et la levure. Mélangez bien tous ces ingrédients. Incorporez alors la moitié du jus de pamplemousse rose, puis le beurre fondu.

2. Beurrez sans excès un moule à manqué et transvasez-y la préparation. Enfournez pour environ 30 min à 180 °C (th. 6).

3. À la fin de la cuisson, sortez la préparation du four et démoulez-la.

4. Versez dessus le reste de jus de pamplemousse préalablement agrémenté de la cuillerée à café de sucre. Laissez refroidir avant de déguster.

Fondant exotique *à la coco*

Pour 6 personnes / Facile
Préparation : 10 min / Cuisson : 30 min

- 200 g de noix de coco râpée
- 250 g de sucre
- 250 g de crème fraîche
- 30 g de fécule de maïs
- 6 œufs
- Beurre pour le moule

1. Dans un grand plat creux, mélangez la noix de coco râpée, le sucre, la crème fraîche et la fécule de maïs.

2. Ajoutez les jaunes d'œufs et mélangez soigneusement.

3. Battez les blancs d'œufs en neige bien ferme et incorporez-les délicatement à la préparation.

4. Versez la préparation dans un moule préalablement beurré sans excès.

5. Enfournez pour 30 min environ à 180 °C (th. 6).

6. À la fin de la cuisson, laissez refroidir avant de démouler.

Fondant léger *aux blancs d'œufs*

Pour 6 personnes / Facile
Préparation : 20 min / Cuisson : 30 min

- 7 blancs d'œufs
- 125 g de beurre fondu
- 220 g de sucre
- 2 sachets de sucre vanillé
- 150 g de farine
- 1 sachet de levure

1. Battez les blancs d'œufs en une neige bien ferme.

2. Mélangez-y ensuite le beurre fondu, le sucre, le sucre vanillé et la farine.

3. Terminez en incorporant la levure. Mélangez bien tous les ingrédients.

4. Beurrez sans excès un moule à manqué et versez-y la préparation précédente.

5. Enfournez pour environ 30 min à 180 °C (th. 6) en surveillant la cuisson.

6. Dès la fin de la cuisson, sortez la préparation du four et démoulez-la délicatement.

Fondant aux noisettes *et au chocolat*

Pour 6 personnes / Facile
Préparation : 25 min / Cuisson : 55 min

- 140 g de chocolat en morceaux
- 110 g de beurre
- 170 g de sucre
- 4 œufs
- 150 g de poudre de noisettes
- 1 pincée de sel
- Farine pour le moule

1. Faites fondre le chocolat au bain-marie, avec le beurre et le sucre.

2. Cassez les œufs en séparant les blancs des jaunes. Hors du feu, incorporez les jaunes d'œufs, un à un, à la préparation chocolatée. Mélangez bien lors de chaque ajout. Incorporez ensuite la poudre de noisettes.

3. Battez les blancs d'œufs en une neige bien ferme, en y ajoutant la pincée de sel. Incorporez délicatement les blancs d'œufs en neige à la préparation au chocolat.

4. Beurrez et farinez sans excès un moule. Versez-y la préparation et enfournez pour environ 55 min à 180 °C (th. 6). Surveillez bien la cuisson afin que le cœur reste fondant.

5. À la fin de la cuisson, sortez le fondant du four et démoulez-le.

Fondant aux Petits-Suisses *et au chocolat*

Pour 6 personnes / Facile
Préparation : 20 min / Cuisson : 20 min

- 3 Petits-Suisses
- 150 g de sucre
- 3 œufs
- 50 g de farine
- 200 g de chocolat noir
- 1 noix de beurre

1. Versez les Petits-Suisses dans un plat creux et ajoutez-y le sucre, les œufs et la farine. Mélangez bien tous ces ingrédients jusqu'à obtention d'une pâte homogène.

2. Cassez grossièrement le chocolat en morceaux et faites-le fondre au bain-marie avec une noix de beurre. Incorporez ensuite ce chocolat à la préparation précédente. Mélangez bien.

3. Beurrez sans excès un moule à gâteau et transvasez-y la pâte chocolatée. Enfournez pour 20 min environ à 180 °C (th. 6), en surveillant la cuisson.

4. À la fin de la cuisson, sortez le fondant du four et démoulez-le.

Fondant aux noisettes et au chocolat ▷

Index